Lost & Dark Places
Bayerischer Wald

Uralte Erdställe durchziehen den Bayerischen Wald.
Ein derartiger Schrazlgang erwartet uns im Passauer Land (Kapitel 26).

Herwig Slezak

Lost & Dark Places
BAYERISCHER WALD

33 vergessene, verlassene und unheimliche Orte

BRUCKMANN

↑ An der Schwarzen Laber verfällt diese Tür zum Bahnhof (Kapitel 7).
↓ In Spiegelau steht das einst ruhmreiche Sägewerk still (Kapitel 23) .
↘ Verschwiegene Ecken entdecken in der Ruine Kürnberg (Kapitel 5)

INHALT

Düsterer Bayerischer Wald 8
Verhaltensregeln für Lost Places 11

33 LOST & DARK PLACES

1 **Sex and Crime unterm Kreuzfelsen** 16
Räuber Heigls Höhle am Kaitersberg

2 **Schwarzer Tod am Weißen Regen** 20
Der alte Pestfriedhof von Kötzting

3 **Ruhe in Frieden** 24
Die stillgelegte Papierfabrik am Regen in Chamerau

4 **Tausende Totenköpfe** 28
Das alte Beinhaus der Urkirche in Chammünster

5 **Mittelalter in Kürnberg** 32
Zur sagenumwitterten Burgruine über Stamsried

6 **Ruinenreste, Felskopf und ein Schlupfstein** 38
Seelenheil am Sengersberg

7 **Die dunklen Seiten der Schwarzen Laber** 42
Kolossale Papierfabrik bei Sinzing

8 **Von Gloria verkauft** 46
Rund um Wasserschloss Pürkelgut in Regensburg

9 **Der versiegte Zapfhahn** 50
Abstecher in den Gäuboden: Sünchinger Sommerkeller

10 **Der schlafende Koloss** 54
Abstecher in den Gäuboden: Malzfabrik Geiselhöring

11 **Kantige künstliche Canyons** 60
Das Herzstück des Steinbruchwegs bei Zachenberg

12 **Warum die alte Mühle nicht mehr klappert** 64
Streit ums Baudenkmal bei Böbrach

13 **Leerstand ohne Investor** 70
Tristes Sporthotel Brennes unter dem Großen Arber

14 **Zerbrochene Träume** 72
Die marode Glasfabrik in Regenhütte

15 **Die Geisterkirche** 76
Zugabe im Hügelland: St. Veit in Thomasbach

16 **Der verfallene Hof** 80
Zugabe im Hügelland: Kleinbauernhaus Thomasbach

17 **Von Siemens verlassen** 84
Berühmtes Geisterhotel,
abgefackelte Brandruine in Habischried

18 **Die tote Wüstung lebt** 88
Das verfallene Bergdorf Oberbreitenau

19 **Der Zauberberg** 92
Ehemaliges Sanatorium und Sport-Hotel auf der Rusel

20 **Baumstarker Bergwald auf dem Vormarsch** 96
Ruinen am Brotjacklriegel

21 **Wo die Zeit stillsteht** 102
Das schlummernde Berg-Hotel von Daxstein

22 **Wasser marsch am Rothbach** 106
Ein Blick zurück in die Hochzeit der Holztrift

23 **Wo die Kreissäge schweigt** 110
Das verlassene Holzwerk im Herzen von Spiegelau

24 **Versperrte Pforten** 114
Hof und Quarzstollen im Nationalpark in Guglöd

↑ Hinter der Restauration Frauenberg liegt nicht nur der Lampenschirm (Kapitel 32).
↗ Auch jenseits der deutschen Grenze gibt es viel zu entdecken (Kapitel 33).

25 Vertreibung der Geister? 118
Auf der Kippe: Arcadiahotel Sonnenhof in Grafenau

26 Tief ins Reich der Zwerge 120
Der 1000-jährige Tunnel unterm Gasthaus Klessinger

27 Gemäuer am Wildwasser 126
Die Ruine der Spornburg Dießenstein

28 Dem Verfall geweiht 130
Der traurige Eindachhof im Gründoblweg bei Passau

29 Zwischen zwei Portalen 134
Durch den alten Trifttunnel in Hals an der Ilz

30 Kammer des Schreckens 138
Finstere Begebenheiten im Kollberger Schlupf

31 Der dunkle Felsdurchbruch 142
Passage beim Carbidwerk in der Buchberger Leite

32 Endstation Bahnhof 146
Die alte Restauration in Frauenberg

33 Scherben im Böhmerwald 150
Über die Grenze zur verlassenen Glashütte in Lenora

Register 157
Impressum 160

DÜSTERER BAYERISCHER WALD

Marode Mühlen, abgewrackte Steinbrüche, bankrotte Glashütten, versteckte Räuberhöhlen, rätselhafte Labyrinthe oder ruinöse Spuren, die zum deutschen Papst Benedikt XVI. führen: Das alles und noch viel mehr verrät dieser Guide über 33 Lost & Dark Places im Bayerischen Wald zwischen Donau und tschechischer Grenze, von Regensburg bis Passau, von der Oberpfalz nach Niederbayern. In der Tat eignet sich kaum eine andere Region besser, die stummen Zeugen des Verfalls zu entdecken und als magische Echos der Geschichte zu erkennen. Schritt für Schritt wird auf unserer Entdeckungsreise lebendig, warum die Grenzregion im Südosten Bayerns und Deutschlands als finster und geheimnisvoll gilt. Die Natur wirkt dabei vielerorts als ureigene Kraft, die sich

Hauptgebäude und Schuppen: Beim Abstecher ins Hügelland offenbart sich der morbide Charme dieses Hofs (Kapitel 16).

Stück für Stück zurückerobert, was ihr der Mensch einst abrang.

Seit geraumer Zeit machen sich Neugierige auf den Weg, wahre Abenteuer nicht am anderen Ende der Welt aufzuspüren, sondern vor der eigenen Haustür. Was mit dem Erkunden verfallener Schönheiten innerhalb von Städten begann, dem Urban Exploring, kurz auch Urbexing genannt, schwappte hinaus aufs Land. Ohnehin gilt der Wald den Deutschen als Sehnsuchtsort. Zusammen mit dem benachbarten Nationalpark Böhmerwald (Národní park Šumava) auf tschechischer Seite bildet der an der Grenze gelegene Nationalpark Bayerischer Wald sogar die größte zusammenhängende Waldschutzfläche in Mitteleuropa. Zusammen spüren wir am Fuße des Gebirges eine alte Klause auf, zudem je ein ehemaliges Glasmacherdorf diesseits und jenseits der heute offenen Grenze.

Weit über den Nationalpark hinaus zeigt sich der gesamte Bayerische Wald reich an mystischen Kraftorten. Eine halbe Ewigkeit hielten die Menschen seine Landschaft für undurchdringlich. Noch heute kreuzen uns die Wege legendärer Propheten, weiser Göttinnen, schneidiger Räuber und mächtiger Riesen. Zu verlorenen Orten, die auf unseren Streifzügen anregen, zählen gespenstische

Höhlen, altehrwürdige Ruinen, düstere Friedhöfe, aufgelassene Fabriken und jede Menge gruseliger Geisterhäuser samt den Geschichten, die sich darum ranken. Dasselbe bewahrheitet sich bei Abstechern nach Regensburg, in den Gäuboden, ins Hügelland und nach Passau. Stoßen wir auf rätselhafte Dinge, die sich nicht von selbst erklären, lassen wir uns von ihnen inspirieren, ohne die Tatsachen aus den Augen zu verlieren. Zudem bleibt uns bewusst: Können wir bei aufgespürten Zielen nicht hinein, huldigen wir mit abgeklärtem Blick und Vorstellungskraft das Einmalige von außen.

Hand aufs Herz: Unermüdlich nagt an unseren favorisierten Zielen der Zahn der Zeit. Am Fuße des Hohen Bogens, in Rimbach, verschwand bei der Recherche zu diesem Buch ein Lost Place von einem auf den anderen Tag. Dem dortigen Waldschwimmbad, das im Jahr 2011 schloss und seitdem verwaiste, rückten nämlich die Bulldozer zu Leibe. Was länger als ein Jahrzehnt vor sich hin dümpelte und zum Paradebeispiel eines verlassenen Ortes reifte, zeigt sich nun von Menschenhand rückgebaut. Mit Startschuss 2022 sollen die ehemaligen Liegeflächen schrittweise zu artenreichen, extensiven Wiesen verwandelt werden. Das ist gut für die Natur, aber schlecht fürs Auskundschaften. Unterm Strich zeigt sich: Alles Beschriebene ist eine Momentaufnahme, nicht mehr, aber auch nicht weniger. Zum Glück verbleiben jederzeit genügend Lost Places zum Entdecken. Und immer wieder entstehen neue.

Wie einst in der Epoche der Romantik, geht es heute wieder darum, Einzigartiges und Mystisches zu entschlüsseln. Stets wissen wir, dass nicht bloß bei Begegnungen mit Menschen, sondern auch bei alten Gemäuern zählt, was Kurt Tucholsky im Jahr 1930 in einem Gedicht in Hinblick auf magische Momente schrieb: »Was war das? Kein Mensch dreht die Zeit zurück. Vorbei, verweht, nie wieder.«

Diese verkommene Treppe führt von Osten zum alten Berghof auf der Rusel (Kapitel 19).

Nicht nur rund um den verwaisten Eingang des Sporthotels unterm Arber haben sich Spinnen einquartiert (Kapitel 13).

VERHALTENSREGELN FÜR LOST PLACES

1. Orte mit Respekt behandeln

Jedes Bauwerk und jedes Gebäude erzählt eine Geschichte aus vergangenen Tagen, was zu schützen ist. Und auch wenn es nicht immer so aussieht: Jeder verlassene Ort hat Eigentümer, was es zu respektieren gilt. Ohnehin können Zuwiderhandlungen rechtliche Konsequenzen nach sich ziehen. Betreten Sie also keine Gebäude unbefugt, zerstören oder beschädigen Sie nichts, öffnen Sie nichts gewaltsam. Sind Fenster oder Türen verschlossen, soll das auch so bleiben. Dieses Buch zeigt sich so konzipiert, dass Sie viele der beschriebenen Orte frei oder auf Nachfrage betreten dürfen (Burgruinen etc.) oder, falls dies nicht offiziell erlaubt ist, die Orte mit gebührendem Abstand erfahren und genießen können.

2. Nichts mitnehmen, nichts dalassen

Wenn Sie etwas von einem Lost Place mitnehmen, und sei es noch so klein, gilt dies als Diebstahl. Daher sollten Sie folgende Regeln beherzigen: Alles bleibt, wie es ist. Belassen Sie es bei den schönen Einblicken und Fotos, die Sie von solchen Orten machen. Das bedeutet auch: Lassen Sie nichts zurück, keine Speisereste, keine Kaugummis, keine Zigarettenkippen.

Licht am Anfang des Tunnels der Kollberger »Kammer des Schreckens« (Kapitel 30)

3. Rauchpause einlegen

Das bringt uns zum nächsten Punkt: Rauchen sollte an unseren Zielen generell unterlassen werden. Zollen Sie den altehrwürdigen Orten den nötigen Respekt und verzichten Sie für die Zeit, die Sie dort verweilen, auf das Qualmen. Zigarettenkippen brauchen nicht nur 15 Jahre zum Verrotten (sie sollten also nirgends achtlos weggeworfen werden), sondern können auch ein verheerendes Feuer verursachen.

4. Keine Graffiti sprühen

Dass Sie nichts hinterlassen sollen, gilt auch für »Kunstwerke« an den Wänden. Lassen Sie alle Mauern, wie sie sind. Auch die Menschen nach Ihnen sollen den Ort möglichst so nachempfinden können, wie er früher einmal war.

5. Vorsichtig sein, keine Alleingänge machen

Besonders wichtig: Vorsicht ist besser als Nachsicht. Das zählt ganz besonders bei Lost Places. Brüchige Mauern, alte Keller, herumliegende Überreste, Müll, aber auch natürliche Gegebenheiten (Bodenlöcher, Höhlen) bergen Gefahren. Zudem liegen manche der Objekte einsam. Folglich erweist es sich als ratsam, immer mindestens zu zweit, besser noch zu dritt einen Lost Place aufzusuchen. Nötigenfalls gilt die alte Regel: Ist eine Person verletzt, bleibt die zweite vor Ort, und die dritte holt Hilfe. Zudem weiß niemand, ob rund um Lost Places nicht auch Plünderer, Spinner oder Betrunkene angetroffen werden. Deshalb beruhigt es, dort nicht allein unterwegs zu sein.

Zerborstene Scheiben im einst größten staatlichen Sägewerk Bayerns (Kapitel 23)

In der wilden Ilzleite verbirgt sich die Burgruine Dießenstein (Kapitel 27).

1

SEX AND CRIME UNTERM KREUZFELSEN

Räuber Heigls Höhle am Kaitersberg

Michael Heigl wird der Prozess gemacht. Er türmt vor dem Schwurgericht in Straubing und verschanzt sich samt seiner Geliebten am Kaitersberg. Ihr Versteck unterm Kreuzfelsen besteht bis heute. Und es ranken sich vielerlei Geschichten um den verwegenen Räuber und seine dunkle Höhle.

Kaitersberg, Landkreis Cham, Oberpfalz **Ort/Place** Räuber-Heigl-Höhle unterm Kreuzfelsen, 93444 Bad Kötzting **GPS** 49.176408, 12.920937 **Anfahrt** Aus Westen und Süden via B85 nach Bad Kötzting, im Osten des Kurorts in/aus Fahrtrichtung Lam bei der Ampel nach Reitenstein/Reitenberg abbiegen, dann 4 km bergauf zum Wanderparkplatz Reitenberg

Neugierige nähern sich der Räuber-Heigl-Höhle am besten von der Seite an der gewaltigen Felswand entlang.

ANNO 1816 In einer armen Familie kommt Michael Heigl zur Welt. Als junger Mann gerät er mit der Obrigkeit wiederholt in Konflikt. Als er 1843 bei seiner Verhandlung aus dem Gerichtssaal fliehen kann, versteckt er sich unterm Kreuzfelsen. In der Tat kennt er sich hier aus. Sein Heimatort Beckendorf liegt nur einen Katzensprung nördlich der Ampel, an der wir heute abbiegen. Auf den folgenden Beutezügen nimmt der furchtlose Waidler die Großbauern und Kleriker ins Visier. Bettelarme betrachten ihn als eine Art Robin Hood. Während der legendäre Engländer der Sage nach im Sherwood Forest seine Maid Marian begehrt, liebt Michael Heigl seine rote Res aus Fleisch und Blut. Theres Pritzl, sein blutjunges Gschpusi, stammt wie der Räuber aus der Gegend, nämlich aus Gotzendorf vor Hohenwarth. Damals wie heute

Durch diese Öffnung schlüpften einst der schneidige Waidler und seine Geliebte.

ist ihr gemeinsames Versteck nur per Fußmarsch aufzuspüren (einfach 1 Std./2 km).

DER AUFSTIEG Vom ausgeschilderten Parkplatz (750 m) laufen wir auf Asphalt zum ehemaligen Wirtshaus hoch (linker Hand weitere Parkplätze) und biegen an der Wan derkreuzung nach rechts ab. Vor der kleinen Aussicht am Plattenstein macht der markierte Räuber-Heigl-Wanderweg (auch Goldsteig und grünes Dreieck) einen Linksknick. Der folgende Pfad führt sportlich bergwärts. Taucht linker Hand die zweite Felswand auf, verrät ein am Baumstamm angebrachtes Schild, wo sich im Gneis das legendäre Versteck verbirgt. Leicht erhöht befindet sich ein schmaler Einlass zur Räuber-Heigl-Höhle. Ins Innere hinein arbeiten wir uns besser von der Seite direkt bei der schroffen Felswand an den grüngelben Schwefelflechten entlang. Unser Rückmarsch erfolgt auf derselben Strecke. Alternativ können wir noch

Der markierte Räuber-Heigl-Wanderweg führt ans historische Versteck heran.

zum aussichtsreichen Kreuzfelsen (999 m) weitergehen sowie auf Bk3 bergab eine Runde kreieren (+ 0.15 Std.).

LIEBE UNTERM STERNENZELT Vor und in der feuchten Höhle verbrachte das Paar viele Nächte miteinander. Die Zeit unterm freien Himmel war nicht immer wildromantisch. Ein wärmendes Feuer machen konnte der Räuber erst nach Einbruch der Dunkelheit, wenn aufsteigender Rauch das Versteck nicht verriet. Unter diesen schwierigen Umständen brachte die rote Res mehr als ein Kind zur Welt. Da die Höhle kein geeigneter Ort für eine junge Familie war, verpflichtete Heigl die Bauern im Tal mit Nachdruck, für die Sprösslinge zu sorgen. Folglich leben seine Nachkommen wohl noch heute.

DIE FESTNAHME Zehn Jahre lang bekommt niemand den Räuber Heigl zu fassen. Nach einem vertraulichen Hinweis gelingt es Gendarmen im Sommer 1853, ihn vor seiner Höhle zu verhaften. Zuvor soll er noch über einen versteckten Notausgang zu fliehen versucht haben. Die verhängte Todesstrafe wird in eine lebenslängliche Kettenstrafe abgemildert. Maximilian Schmidt, genannt Waldschmidt, schrieb damals als Gerichtsreporter: »Durch seine List und Verwegenheit hat er einen Teil der Einwohner in Schrecken gehalten; andererseits hat er sich durch seine Freigebigkeit viele Freundschaften erworben, hauptsächlich unter dem ärmsten Volk.«

DAS JÄHE ENDE Anstatt unterm strahlenden Sternendach verbringt der unerschrockene Waidler seine letzten Lebensjahre in einem dunklen Kerker in München. Am 5. Januar 1857 erschlägt ihn ein Mithäftling mit der Kugel einer Fußkette im Zuchthaus in der Au. So endet die Geschichte von Robin Hood aus dem Bayerwald – oder besser »Robin Wood«? Sein Skelett bewahrt die Obrigkeit im Anatomiegebäude in München auf. Seit einem Bombenangriff im 2. Weltkrieg ist es vom Erdboden verschollen.

Das besondere Erlebnis

Bei St. Englmar findet sich noch ein Unterschlupf, in welchem der Räuber Heigl gehaust haben soll. Zwei dazugehörige Hinweisschilder brachte der umtriebige Waidler Hans Wanninger an. In der Tat verbreitet die Felsformation, die vom Wanderweg aus linker Hand in einem Märchenwald auftaucht, eine geheimnisvolle Stimmung. Wird die Höhle jedoch dem bekannten Räuber zugeschrieben, ist womöglich der Wunsch der Vater des Gedankens. Vielmehr kennen ältere Einheimische die verwunschene Grotte über St. Englmar als Froschmaulfelsen, ohne Räuber Heigl damit in Verbindung zu bringen. Wer dem Rätsel selbst nachspüren will: Der Anmarsch erfolgt auf Höhe des Predigtstuhl-Ressorts vom Wanderparkplatz Markbuchener Sattel u.a. auf dem Goldsteig keine 30 Minuten (1,25 km) in Richtung Pröllergipfel.

Leicht erhöht befindet sich dieser weitere Durchschlupf zum legendären Versteck unterm Kreuzfelsen.

In die bröckelnde Friedhofsmauer des alten Pestfriedhofs zeigen sich Familiengräber eingelassen.

2

SCHWARZER TOD AM WEISSEN REGEN

Der alte Pestfriedhof von Kötzting

Vor 450 Jahren eingeweiht, kommt hier seit 1981 niemand mehr unter die Erde. So entwickelt sich der aufgelassene Gottesacker mit seinen alten Gräbern vom Platz des Todes zum Ort der Stille. Aktuelle Pläne der Stadt, daraus eine grüne Ruhezone zu machen, verheißen in diesem Sinne wenig Gutes.

Bad Kötzting, Landkreis Cham, Oberpfalz **Ort/Place** Alter Friedhof Torstraße/Kupferschmiedgasse, 93444 Bad Kötzting **GPS** 49.177063, 12.853175 **Anfahrt** Aus Westen und Süden via B85 nach Bad Kötzting, nordwestlich Zentrum geeigneter Parkplatz Kupferschmiedgasse (Parkscheibe) direkt neben Ziel

ZUM GELEIT Da die alte Friedhofsmauer den Zugang zur Kupferschmiedgasse verwehrt, gehen wir vom empfohlenen Parkplatz aus unten rum. Gleich um die Ecke gewährt mehr als ein Durchgang untertags Einlass zum Gottesacker. Nur wenn es dämmert und nachts versperren zugeschlossene Pforten den Zutritt. Von der Straße in den alten Friedhof hinein betreten wir eine andere Welt. Auf unserem Weg zwischen den Grabsteinen hindurch knirschen die Kiesel unter unseren Schuhsohlen. Die letzten Ruhestätten begegnen uns teils gepflegt, teils verwildert. Eine Reihe von Grabsteinen zeigt sich in die zauberhaft eingewachsene Friedhofsmauer eingelassen, darunter letzte Ruhestätten ganzer Familien. Im Schatten der Ziegel setzt ein Wassergrand aus Granit Moos an. Im Laufe der Zeit vergrößerten die Kötztinger den gesamten Gottesacker mehrere Male. Stück für Stück entstand die heute rund 7000 Quadratmeter große Anlage. Im oberen Teil (in Richtung Berufsschule) zeigt sich das Areal abgestuft. Ursprünglich lag das Gelände außerhalb der Tore der Gemeinde. Durch ihr stetiges Wachstum befindet sich der alte Pestfriedhof heute unweit der Stadtmitte.

PEST UND CHOLERA Wir schreiben das späte 16. Jahrhundert. Tag für Tag rollen Totengräber schlecht und recht eingehüllte Leichen durch das Tor der altehrwürdigen Kirchenburg von Mariä Himmelfahrt hinaus. Der Kötztinger Pfleger namens Romanus von Hochholdingen wohnt direkt über dem Torbogen, hört, sieht und riecht vermutlich, was in seiner Heimat Todtrauriges passiert.

Die letzten Ruhestätten wirken teils verwildert, teils gepflegt.

Seinem dringlichen Antrag, einen neuen, ein Stück von den Häusern entfernt gelegenen Friedhof errichten zu dürfen, entspricht die Regierung. Da die von allerlei Seuchen Dahingerafften dort ihre letzte Ruhestätte finden, nennen die Einheimischen das Gräberfeld einfach »Pestfriedhof«. Neben diesem auch Ausweichfriedhof genannten Gottesacker blieb bis gegen Ende des 19. Jahrhunderts der Hof der eindrucksvollen Kötztinger Kirchenburg als Hauptfriedhof bestehen.

NOMEN EST OMEN Die Grabsteine vermerken vor allem Lebens- und Sterbedaten aus dem 19. und 20. Jahrhundert. Die Aufschriften spiegeln wider, was es auf vergleichbar inspirierenden Gräberfeldern zu lesen gibt wie etwa auf dem bekannten alten nördlichen Friedhof in München. Während es sich bei einem Mann, der das Zeitliche segnete, laut Inschrift um den »Hausbesitzer Haus« handelt, werden Frauen über ihre Angetrauten definiert, etwa die »Buchdruckereibesitzersgattin«. Nicht besser ergeht es einem früh im Krieg gefallenen »Gasthof u. Realitätenbesitzers-Sohn«. Des Weiteren findet sich bei einer alleinstehend Verstorbenen der sicher ehrbezeugend gemeinte Zusatz »Jungfrau«. Immer wieder zeigt sich, wie die deutsche Sprache dazu neigt, wunderbar schrecklich lange Wörter zu bilden wie den unverwechselbaren »Reichsbahnrottenaufseher«. Teils lassen sich die Inschriften auf den Grabsteinen klar erkennen, teils nagt der Zahn der Zeit daran, sodass zum Entziffern detektivisches Gespür gefragt ist. Dazu kommt, dass es mehr als vereinzelt altdeutsche Buchstaben zu entschlüsseln gilt. Zu kuriosen Entdeckungen zählt das Ehepaar mit dem Familiennamen »Erbe« oder ein Ehemann namens »Ehemann«. Es bleibt viel zu aufzuspüren.

↓ Dieses Kreuz erinnert an Verstorbene aus dem 19. und frühen 20. Jahrhundert.

↘ Ruht unter dem rosenverzierten Kruzifix eine einstige große Liebe?

↑ Mehr als ein Durchgang gewährt untertags Einlass zum Gottesacker.
↗ Stimmungsvoller Hingucker: die Haustür zur Kupferschmiedgasse Nr. 3

GOLDENE ZUKUNFT? Die Verblichenen stört sicher am wenigsten, dass die Kommune Bad Kötzting daran denkt, den Alten Friedhof in eine »Grüne Ruhezone in der Stadt« zu verwandeln. Zu den geplanten Arbeiten zählt Heimatforscher Clemens Pongratz zufolge, eine eingefallene Mauer wieder aufzurichten. Bei deren Einsturz samt Erdrutsch in den achtziger Jahren des letzten Jahrhunderts kam überraschenderweise eine Ruhestätte aus der Mitte des 18. Jahrhunderts zum Vorschein, nämlich die der Familie des Kötztinger Kammerers namens Luckner. Der dazugehörige Grabstein zeigte sich bereits beim Auffinden nur schwer zu entziffern. Zurück zu den aktuellen Plänen: Bei Redaktionsschluss hängt »die Umsetzung von einigen Unwägbarkeiten ab, unter anderem hinsichtlich der Mauergewerke«, so Pongratz. Keinesfalls soll der Gottesacker laut Heimatforscher »renoviert werden«. Der Aura alter Grabstätten dienen derartige Maßnahmen erfahrungsgemäß ohnehin weniger. Einen untrüglichen Eindruck vom Stand der Dinge verschafft sich, wer den alten Friedhof besucht. Indes mögen seine Toten in Frieden ruhen.

Das besondere Erlebnis

Gegenüber dem empfohlenen Parkplatz kauert sich das Haus mit der aktuellen Anschrift »Kupferschmiedgasse 3« an die Friedhofsmauer. Über dem Türsturz lässt sich die in Stein gemeißelte, alte Hausnummer 149 ausmachen. Da auch bei diesem Objekt die Zeit ihr Spuren hinterlässt, passt ein interessierter Blick darauf bestens als Einstimmung oder zum Ausklang des Besuchs am alten Kötztinger Friedhof. Heimatforscher Pongratz zufolge steht dieses Gebäude aber in keinem direkten Zusammenhang zum Gottesacker.

3

RUHE IN FRIEDEN

Die stillgelegte Papierfabrik am Regen in Chamerau

Direkt am Regenfluss im Herzen von Chamerau dämmert die stillgelegte Fabrik Friedrich Herold vor sich hin. Unruhe kehrt im Juli 2022 ein, als die Polizei erste Lost-Place-Fans aufspürt. Frieder Herold, den Sohn des Firmengründers, stört es sicher nicht. Er starb bereits zwei Jahre vorher.

Chamerau, Landkreis Cham, Oberpfalz **Ort/Place** Fabrik Friedrich Herold, Regenstraße 3, 93466 Chamerau **GPS** 49.198583, 12.744466 **Anfahrt** Via B85, außer aus Bad Kötzting (Osten); liegt auf halber Strecke zwischen Miltach und Cham

Von der Brücke über den Regen in der Chamer Straße wird das gewaltige Ausmaß der stillgelegten Papierfabrik sichtbar.

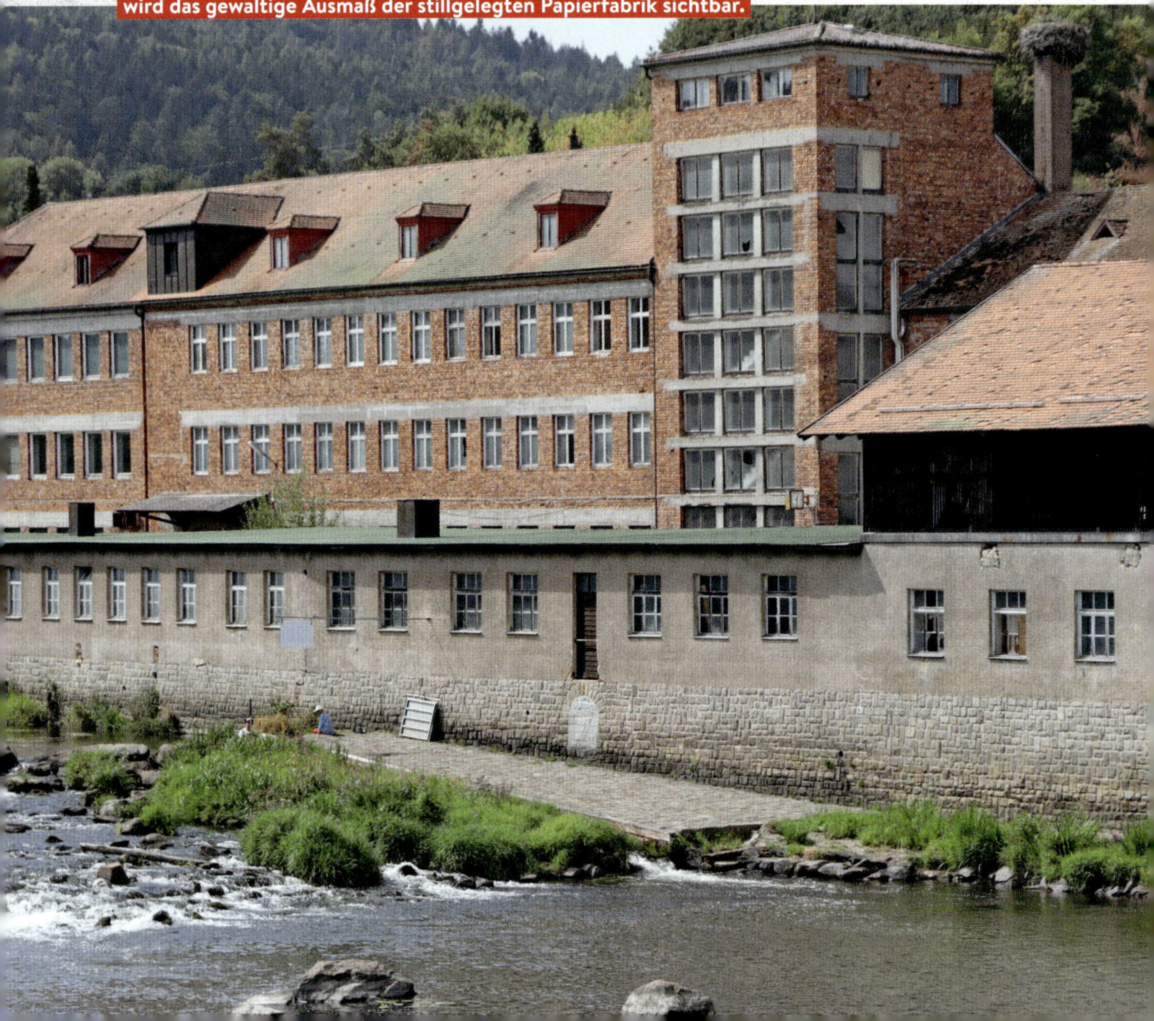

BLICK ÜBERN FLUSS Als bedächtiges Dorf begegnet einem Chamerau. Der Blick von der örtlichen Regenbrücke am Wehr vorbei bleibt an einem mächtigen Gebäude hängen, das einerseits wie ein riesiger Fremdkörper wirkt, andererseits fasziniert: das alte Pappen- und Papierverarbeitungswerk Friedrich Herold. Ein flaches, 70 Meter langes Gebäude begrenzt die Anlage zum Fluss hin, ehe sich nach Osten ein hölzerner, 30 Meter langer Anbau samt Satteldach anschließt. Überragt wird die flussnahe Südflanke des Ensembles von zwei breiten, zweistöckigen Ziegelgebäuden mit etwa derselben Länge. Die Mehrheit der Fenster der drei Etagen zeigt sich intakt, die Satteldächer mit Gauben versehen. Im Herzen des Geländes ragt ein siebenstöckiger Turm mit unzähligen Glasfenstern und Zeltdach in den Himmel. Der freie Platz zwischen der hohen Häuserflucht und der niedrigen am Fluss formt den schlanken Innenhof der ehemaligen Fabrik.

Blick hoch zum eingewachsenen Dach von der Regenstraße aus

ALTE ANLIEFERUNG Die Anfahrt für LKW verlief einem erhaltenen Pfeil an der Chamer Straße gemäß einst durch die Regenstraße. Auf dieser Passage treffen wir erneut auf hohe Ziegelwände. Die Dachrinnen darüber zeigen sich von Gräsern und jungen Bäumen verstopft. Bei starkem Regen plätschert das Wasser von oben sicher heftig herab. Unter dem carportähnlichen Dach direkt neben der Einfahrt liegen Schutt und Sperrmüll, etwa alte Autoreifen und Pflastersteine. Schilder entlang der gesamten Front beschwören Gefahren wie »Vorsicht Dachlawinen«. Vor einer garagenähnlichen Tür prangt: »Zutritt verboten.« Und das hat einen guten Grund.

IM EINSATZ Am 15. Juli 2022 zitieren die Medien erstmals die Polizei mit der Warnung, den Lost Place in Chamerau aufzusuchen. Laut Fernsehprogrammgesellschaft TVA Ostbayern könnten sich »die ungebete-

↑ Diesen Eingang zum Fabrikgelände verwehrt mittlerweile die Natur.
↗ Wer kann die kryptischen Zeichen an der alten Anlieferung entschlüsseln?

nen Gäste unnötig in Gefahr begeben«. Schließlich drohe man sich durch kaputte Scheiben, alte Maschinen, einsturzgefährdete Wände oder morsche Treppen oder Böden schwer zu verletzen, wie die umsichtigen Einsatzkräfte mitteilen. Am selben Tag stellt zudem das regionale Internet-Portal idowa klar: »Wer die Fabrik ohne Erlaubnis betritt, begeht Hausfriedensbruch.«

DIE REAKTION Nach den geschilderten Vorfällen kündigte die Eigentümerseite an, ein Überwachungssystem zu installieren. In der Tat lässt sich bei der Recherche kurz danach vom offenen Hintereingang aus, also bei der ehemaligen LKW-Anlieferstelle, in Sichtweite eine derartige Maßnahme erkennen. Hinter den zahlreichen Fahrzeugen, die am Rande des Firmenhofs parken, hängt an der vom Hauptgebäude gegenüberliegenden Wand nämlich eine Kamera.

AM WIRT VORBEI Auch von vorne, von der Chamer Straße am Bäckerwirt-Biergarten vorbei, können wir auf Höhe weiterer genutzter Parkplätze einen Blick durch die bei der Recherche offene Durchfahrt erspähen: Vereinzelt zerschlagene Fensterscheiben, eine Uhr, die ewig auf halb eins steht, lassen sich aus sicherer Entfernung im Innenhof der ehemaligen Fabrik ausmachen. Vor der Durchfahrt, auf der Treppe zum Gebäude, das das Ensemble abgrenzt, gedeihen junge Bäume prächtig, während halb heruntergelassene Rollos einen Teil der Fenster verdecken. Bei der versuchten Kontaktaufnahme übers Telefon lautet die automatische Ansage: »Die gewählte Rufnummer ist ungültig.«

GEBOTENER NACHRUF Die Familie Herold stammt aus dem Erzgebirge und landete nach dem Zweiten Weltkrieg in Chamerau. Dort gründete Friedrich Herold eine Fabrik, die bis Anfang dieses Jahrhunderts Pappe presste und Papier verarbeitete. Traurigerweise teilte die Gemeinde auf ihren Websites im Februar 2020 mit, dass der Sohn des Firmengründers, der gelernte Papier-Techniker Frieder Herold, bereits am 19. Dezember des Vorjahrs wenige Wochen vor seinem 75. Geburtstag in seiner ungarischen Wahlheimat das Zeitliche gesegnet hatte. Er hinterließ informierten Kreisen zufolge einen Sohn und eine Tochter aus erster Ehe. Darüber hinaus war er als Altbürgermeister ein großer Sohn der Gemeinde Chamerau. Da der Verstorbene sich wunschgemäß für eine letzte Ruhestätte auf dem Friedhof von Galambok in Ungarn entschieden hatte, gedachte die heimatliche Dorfgemeinschaft in der Oberpfalz seiner in der vollbesetzten Pfarrkirche beim Rosenkranz und anschließendem Gottesdienst im Februar 2020. Frieder Herold möge in Frieden ruhen.

Das besondere Erlebnis

Nicht nur Technikfans begeistert, dass zwischen dem zweiten und dritten Lost Place, östlich von Blaibach, die rund 100 Jahre alte Eisenbahnbrücke über den Regen vor sich hin dämmert. Am einfachsten nähern sich Neugierige der Konstruktion mit stattlichen 70 Meter Spannweite, die in Blaibach südlich der Straßenbrücke dem »Oberen Dorf« 1 km folgen. Die Verbindung von Viechtach zur bestehenden Oberpfalz-Bahn zeigt sich seit Anfang der neunziger Jahre des letzten Jahrhunderts stillgelegt und großenteils zugunsten eines Radwegs abgebaut. Die Eisenbahnbrücke selbst ist für den Verkehr gesperrt.

Nur wenige Schritte hinter dem Bäckerwirt-Biergarten empfängt dieses Gebäude samt enger Durchfahrt zur Fabrik.

Hinter der vergitterten Tür und dem schmalen Fenster liegen Abertausende von Menschenknochen sowie Schädel versteckt.

4

TAUSENDE TOTENKÖPFE

Das alte Beinhaus der Urkirche in Chammünster

Als Urkirche im Oberen Bayerischen Wald gilt das Gotteshaus Mariä Himmelfahrt in Chammünster. Die Wurzeln reichen ins frühe Mittelalter zurück. Aus dieser Zeit stammen schier unzählige Schädel und Gebeine, die einsehbar unter dem heutigen Leichenhaus schwache Gemüter gruseln lassen.

Chammünster, Landkreis Cham, Oberpfalz **Ort/Place** Karner, Chammünster 45, 93413 Cham **GPS** 49.211914, 12.694344 **Anfahrt** Von allen Himmelsrichtungen führen Bundesstraßen nach Cham, das ausgeschilderte Marienmünster liegt südöstlich der Stadt unmittelbar südlich von B20/B85

ZUR ORIENTIERUNG Zum ganzen Ensemble rund um den Friedhof zählt das katholische Marienmünster, die St.-Anna-Kapelle und der alte Karner, das Beinhaus. Die Ursprünge reichen wohl bis ins Jahr 739 zurück, also ins frühe Mittelalter. Das urkundliche Erwähnen erfolgt 80 Jahre später. Damals bemüht sich das Regensburger Kloster St. Emmeram um das Besiedeln und Christianisieren des Bayerischen und Oberpfälzer Waldes. Folglich repräsentiert das spätere Benediktinerkloster die Urpfarrei des Oberen Bayerischen Waldes. Seine Bedeutsamkeit zeigt sich daran, dass heute das Wappen des Landkreises Cham die Ansicht der Kirche von Chammünster ziert. Dabei handelt es sich allerdings weder um die erste Kirche, welche wohl aus Holz war, noch um den romanischen Nachfolge-Bau, sondern um die vierte, spätgotische Kirche, die auf das Material und die Substanz (Säulen) der dritten, frühgotischen Anlage zurückgreift. Unser Hauptinteresse wendet sich dem Beinhaus zu.

DIE ENTDECKUNG In der Nordostecke des Friedhofs fiel Dekan Bongraz schon immer ein kleiner Hügel auf. Im Jahr 1820 lässt er den Totengräber der Sache auf den Grund gehen und hofft, eine legendäre alte Kapelle zu entdecken. In der Tat stößt der fleißige Mann rasch auf Mauerwerk. Stück für Stück legt er die Reste des Beinhauses frei, welches aus heutiger Sicht bald 800 Jahre alt sein dürfte. Zum Vorschein kommt eine Knochenarmee, wie sie ihresgleichen sucht. Ein Menschenleben später kümmern sich die Verantwortlichen um das komplette Freilegen des Karners. So ergibt sich folgende Situation: Eine ehemalige Kapelle, ursprünglich wohl der Heiligen Katharina geweiht, diente ebenerdig für den Gottesdienst, das Geschoss darunter dem Aufbewahren der Ge-

Bei den unzähligen Totenköpfen soll es sich um die Überreste verstorbener Menschen aus dem Mittelalter handeln.

beine aufgelassener Gräber. Zu weiteren Gegenständen, die laut Autor Richard Strobel neben den menschlichen Überresten im Jahr 1902 ausfindig gemacht werden, zählen Beile, Hufeisen, Steigbügel, das Fragment eines Panzerhemds sowie Tonleuchter. Letztere dienten wohl einst als Allerseelenlichter. Kurz vor dieser Aktion musste das einsturzgefährdete Tonnengewölbe stabilisiert werden. Erst vor rund 60 Jahren ließ die Pfarrei auf dem Areal das heutige Leichenhaus errichten. Die beiden Kellergewölbe samt knochigem Inhalt bleiben bis heute unberührt.

BLICK INS BEINHAUS Wer rechter Hand durch das schwere Gitter des niedrigen Gewölbes späht, sieht Hunderte gut erhaltener Totenköpfe mit Augen-, Nasenhöhlen und mehr oder weniger bissfestem Oberkiefer neben- und übereinandergestapelt daliegen. Welch schauerlicher Anblick! Aber nicht nur das: Links um die Ecke herum führen acht Stufen zu einer ebenso vergitterten, unter einem Steinbogen gelegenen Türe hinab. Kaum zu glauben: Noch einmal zehn Stufen tiefer liegen fein säuberlich aufgereiht Abertausende von Menschenknochen über- und nebeneinander, obenauf weitere Schädel. Dazwischen befindet sich ein Gang, in dem ein kleiner Mensch zwischen den Knochen unterzugehen droht. Mehrere Meter weit führt diese Passage durch die aufgeschichteten Gebeine hindurch bis zu einer Wand. Hinter dem dortigen, fensterartigen Durch-

Wer sich dem Beinhaus nähert,
entdeckt hinter Gittern die aufgeschichteten Überreste unserer Vorfahren.

Erlebnisreiche Zugabe: Im Südwesten von Cham verzaubert der Pfahlsee samt turmhoher Steilwand.

lass grüßen erneut Totenschädel. Bei den unzähligen menschlichen Überresten soll es sich um unsere Vorfahren aus der Zeit des Mittelalters handeln. Seit Hunderten von Jahren liegen sie dort. Ihre Seelen warten – nach Ansicht von Gläubigen – auf den jüngsten Tag. Ein kleines Stück neben der Türe lässt ein kleines Bogenfenster weitere Blicke ins Innere des Karners zu.

DER ABGESANG Gewiss könnten die Schädel und Gebeine schier unendliche Geschichten erzählen von Liebe, Hoffnung, Unglück, Trauer und Tod. Wenn wir uns von ihnen verabschieden, bleibt nichts als Schweigen. Noch etwas anderes: Auf der dem Parkplatz gegenüberliegenden Seite der Hauptstraße steht eine nahezu frisch renovierte und doch geschlossene Brauerei. Wie es aussieht, findet sich einmal mehr in der Familie kein Nachfolger für den Betrieb. Der dazugehörige Stadel in der Pfarrer-Mandl-Straße zeigt Lost-Place-Potenzial.

Das besondere Erlebnis

Im Südwesten von Cham, rund zehn Minuten mit dem Auto entfernt, ragt über einem versteckten Gewässer eine Schwindel erregend hohe Steilwand auf. Sie gehört zum Bayerischen Pfahl. Dieses Quarzriff zieht sich insgesamt über fast 150 Kilometer Länge durch den Bayerischen Wald und tritt stellenweise deutlich zutage. Wem der Blick auf die Wand von unten nicht genügt, folgt dem Pandurensteig (Markierung Säbel) halbrechts hoch, um sich in weitem Bogen (oben ein Stück am Zaun entlang) und mit dem gebührenden Abstand dem Spektakel zu nähern. Auch eine ganze Runde lässt sich mit Umsicht drehen. Anfahrt: Von Cham in Fahrtrichtung Schorndorf, in Radling nach Pentling abbiegen, sogleich Pfeil Stadl/Brunn 400 Meter weit folgen und linke Seite im Auge behalten. Beim Gewässer handelt es sich um einen gefluteten Steinbruch, das markante Quarzriff verleiht ihm den Namen Pfahlsee.

5

MITTELALTER IN KÜRNBERG

Zur sagenumwitterten Burgruine über Stamsried

Dicke Mauern, hinter denen sich einst Herrscher und Burgfräulein verbargen, erwarten uns auf dem urwüchsigen Haidberg in der Ruine Kürnberg. An der spätgotischen Anlage nagt zwar der Zahn der Zeit. Doch die erhaltenen Gemäuer bieten reichlich Substanz, um verschwiegene Ecken zu entdecken.

Stamsried, Landkreis Cham, Oberpfalz **Ort/Place** Burgruine Kürnberg, 93491 Stamsried **GPS** 49.273700, 12.545089 **Anfahrt** Aus Westen über B16, aus Süden über B85, aus Osten über B22 nach Stamsried, dort am einfachsten nördlich Marktplatz in Pfeilrichtung Stratwies abbiegen sowie kurz hinterm Ortsschild rechts bis zum Parkplatz Volksmusikanten-Gedenkstätte

Wo früher eine Zugbrücke die Burg sicherte, lotst heute ein Holzsteg ins Herz der mächtigen Anlage.

DER ANMARSCH Vom stimmungsvollen Parkplatz am Waldesrand folgen wir den Holzpfeilen zur Burgruine. Nur ein paar Schritte geht es auf dem Forstweg bergauf, sodann halbrechts auf dem Wanderpfad weiter. Keine zehn Gehminuten entfernt wird die angepeilte Anhöhe im dichten Mischwald erreicht. Über einen zweckmäßigen Holzsteg aus unseren Tagen nähern wir uns der überraschend großflächigen, länglich daliegenden Anlage. Einst verschanzten sich die Burgherren an dieser Stelle höchstwahrscheinlich hinter einer Zugbrücke.

BLEIBENDE EINDRÜCKE Durch den ein Stück weit rekonstruierten Torbau mit Backsteinen jüngeren Datums geht es hinein ins Vergnügen. Frei zugänglich erwarten uns modrige Mauern mit Schießscharten, altehrwürdige Tore, teils baufällige Türme sowie jede Menge verborgener Nischen. Zunächst landen wir im äußeren Burghof mit Feuerstelle. Linksseitig stechen die mächtigen, formschönen Überbleibsel des halbrunden Batterieturms mit seinen unzähligen Bogen samt Öffnungen zum Rausschießen ins Auge. Aufgrund seiner Bauzeit, dem Spätmittelalter, zeigt er sich bereits für das Verteidigen mit Schusswaffen ausgelegt. Die große Zeit der Ritter mit ihren schweren Rüstungen, Schwertern, Lanzen und Schildern sowie mehr oder weniger ausgeübten Tugenden gehörte damals bereits zur Vergangenheit.

INS INNERSTE Geradewegs weiter erreichen Spürnasen an den Resten des alten Kammertors vorbei den inneren Burghof bzw. das, was davon übrig bleibt. Rechts dahinter grüßen die wahrlich kümmerlichen Reste der Kapelle. Erneut geradeaus, vor dem innersten Burghof, türmt sich links der Palas auf. In diesem Hauptbau versteckt, erwartet Schwindelfreie nach dem Aufstieg über eine moderne Wendeltreppe die Aussichtsplattform. Diese bietet einen guten Standort zum Fotografieren, etwa den markanten Batterieturm aus der Vogelperspektive. Ein Stück über den nahen Baumwipfeln blicken wir über die Anhöhen des Oberpfälzer Waldes hinweg tief in den Bayerischen Wald hinein. Zurück auf den Boden der Tatsachen gibt es hinter den zahlreichen steinernen Stiegen weitere inspirierende Durchblicke und verwinkelte Ecken auszumachen, etwa den verborgenen Platz seitlich der Anlage, aus dem die Bewohner einst halbwegs frisches Wasser aus dem Brunnen hochholten.

Blick vom oberen Ende der Ruine auf den Palas

DIE HINTERGRÜNDE Das Geschlecht der Kürner steigt im Mittelalter auf. Überliefert ist verschiedenen Quellen zufolge, dass Dietrich II. im Jahr 1346 Stamsried vom Pfalzgrafen Ruprecht II. zu Lehen erhält und den Schwerpunkt seiner Herrschaft hierher verlagert. Acht Jahre später bekommt Dietrich die Erlaubnis, die Burg auf dem nahen Haidberg (Heitberg) zu errichten. Er und seine Nachkommen nennen sich Kürner von Kürnberg. Bereits 1360 segnet Dietrich das Zeitliche. Im Laufe der Jahre untersteht die

Von der Palas-Plattform aus wirkt der trutzige Batterieturm äußerst imposant.

Anlage wechselnden Besitzern, ehe auch sie dem großen, mörderischen Religionskrieg des 17. Jahrhunderts zum Opfer fällt.

DER UNTERGANG Auch was Kürnberg betrifft, bildet der Dreißigjährige Krieg von 1618 bis 1648 den entscheidenden, zerstörerischen Einschnitt. So belagern die Schweden unter Gustav II. Adolf bzw. mit ihnen verbündete protestantische Verbände das römisch-katholische Stamsried. Es sind wohl die Soldaten unter Herzog Bernhard von Weimar, die im Jahr 1634 die Burg verwüsten und unbewohnbar machen. Kürnberg bleibt auf Dauer verlassen. Der bestehende Herrschaftssitz wandert ins nahe Strahlfeld. Die Schweden wiederum ziehen sich sechs Jahre später nach Böhmen zurück.

SEHENSWERTE RESTE Rund 400 Jahre Dahinsiechen zeigen sich mit der Substanz der Anlage überraschend gnädig. Anderswo macht sich der Verfall deutlich ruinöser bemerkbar. Unterm Strich findet sich in der näheren Umgebung keine besser erhaltene Burgruine. Bereits unter dem Geschlecht der Muracher erfolgte übrigens 1561 die Trennung von Stamsried und Kürnberg. Erst vor rund 50 Jahren sorgten gezielte Maßnahmen dafür, die stattlichen Überbleibsel der Anlage zu sichern. Auch hier versteht sich von selbst, dass die Kraft der Natur gegenüber dem dahindümpelnden menschlichen Bauwerk an Boden gewinnt.

ZUM LETZTEN GELEIT Zurück am Parkplatz, fallen jedem erneut die sogenannten Totenbretter auf. Speziell an dieser Stelle gedenken die zahlreichen Exemplare verstorbenen Volksmusikern und -sängern. Hintergrund: Einst lagen Leichen im Bayerischen Wald bis zum Begräbnis zwei Tage und Nächte lang daheim auf einem Totenbrett aufgebahrt. Nach dem Beerdigen verzierten

↓ Bergwald und Mauersteine scheinen sich gegenseitig zu umgarnen.

↘ Aussicht vom verfallenen Kammertor hinab in den äußeren Burghof

und beschrifteten die Angehörigen die Totenbretter und stellten diese nahe Gotteshäusern auf oder an Stellen, zu denen die Verstorbenen einen besonderen Bezug hatten. Teils veranschaulichten urige Sinnsprüche, warum ein Erdenbürger das Zeitliche segnete. Überliefert ist etwa: »Durch eines Ochsen Hornesstoß, kam er in des Himmels Schoß.« Auch wenn Särge und Urnen die Totenbretter schon lange ersetzen, greifen mittlerweile immer mehr Einheimische auf den alten Brauch zurück wie der Oberpfälzer Volksmusikkreis mit seiner Erinnerungsstätte aus dem Jahr 1981 am Fuße des Haidbergs. Damit das Totenbrett möglichst langsam verwittert, werden mittlerweile Harthölzer wie Eiche genutzt. Früher sah das anders aus: Die länglichen Totenbretter fertigten die Waidler eigens aus weichem Fichtenholz. Sie glaubten nämlich, die Seele des Verstorbenen fände erst ihre letzte Ruhe, wenn das Holz verfault sei.

Das besondere Erlebnis

Aufmerksame entdecken entlang der Hauptstraße in Stamsried mehr als ein altes Gebäude mit anziehender Aura. Sicher ein Favorit: das Häuschen mit der Anschrift Pfarrer-Merkl-Straße 10. Weitere Empfehlung: Wessen Geschmack die Ruine am Kürnberg trifft und wer erneut Vergleichbares sehen will, sollte nur acht Kilometer in Richtung Westen die ebenso auf das Mittelalter zurückgehende Ruine Schwärzenburg bei Strahlfeld anvisieren. Auf die sichtbaren Überreste des Wohnturms, die Aborterker auf der Nordseite sowie die restlichen Grundmauern der Wohnstätten so mancher Falschmünzer treffen wir auf einen besonders harten Quarzstein, den Bayerischen Pfahl. Mein Tipp: An der Kapelle Steinhäufl parken; der folgende Anstieg dauert so lange wie zur Ruine Kürnberg.

Kleine Zugabe:
Wer entdeckt in Stamsried diese Haustür?

Neben den erbärmlichen Resten der verfallenen Burgruine öffnen sich ungeahnte Perspektiven.

6

RUINENRESTE, FELSKOPF UND EIN SCHLUPFSTEIN

Seelenheil am Sengersberg

Die Burgruine Sengersberg selbst offenbart nur kümmerliche Reste alten Gemäuers. Auf dem zweiten Blick inspiriert jedoch der nahe Gipfelfels, der im Wechselspiel zwischen Natur und Kultur mit der verfallenen Anlage eine anregende Symbiose eingeht. Dasselbe gilt für das nahe Marienstein.

Markt Falkenstein, Landkreis Cham, Oberpfalz **Ort/Place** Burgruine Sengersberg, 93167 Falkenstein **GPS** 49.129151, 12.471795 **Anfahrt** Liegt zwischen Michelsneukirchen und Zell nördlich von Markt Falkenstein bei Litzelsdorf; am besten aus Westen bei Au abbiegen sowie nach fast 1,5 km rechts dem unbeschilderten Feldweg 500 m folgen, alternativ aus Osten via Dörfling

Zugabe: In Marienstein gibt es einen Schlupf zu entdecken (siehe S. 40), rechts

ANMARSCH Vom Jägerstand am Waldesrand marschieren wir auf dem breiten Weg in den Forst hinein. Sogleich wechseln wir gemäß Pfeil zum Pfad auf die Anhöhe, auf der wir in einem weiten Bogen nach gut fünf Gehminuten ankommen. Rechter wie linker Hand erspähen wir im Märchenwald zwischen Fichtenzapfen und Laub dürftige Ruinenreste, welche die Natur weitgehend vereinnahmt. Auf Ehre und Gewissen: Wer alleine mächtige Gemäuer mag, sollte besser die Burgruine Kürnberg anpeilen (Ort Nr. 5).

BURGRUINE Die trapezförmige Burganlage auf dem gleichnamigen Sengersberg teilt sich ursprünglich in eine Ober- und Unterburg auf, vermutlich getrennt durch einen Graben. Überbleibsel von Stützmauern aus Bruchstein stammen womöglich von einem Bergfried und einem Wohnbau, wie Experte Bernhard Ernst vermerkt. Auf alle Fälle sind angesichts der wenigen baulichen Relikte die menschliche Vorstellungskraft sowie Fantasie gefragt. Erinnern die von Moos und Flechten überwucherten niedrigen Mauern an den Körper einer versteinerten Schlange?

HINTERGRÜNDE Erstmalig genannt wird die Burg im Jahre 1269. Ab 1326 gehört die Anlage den bayerischen Wittelsbachern, später dem pfälzischen Zweig des mächtigen Adelsgeschlechts. Womöglich hieß der mittelalterliche Sitz ursprünglich Segensberg, was auf einen christlich-religiösen Hintergrund hindeuten würde. Ohnehin scheinen die Gemäuer früh aufgegeben worden zu sein. Bereits im Jahre 1568, also nur ein halbes Jahrhundert nach dem Ende des Mittelalters, zeigt ein Kupferstich die Anlage als Ruine.

FELSKOPF Genau genommen sticht von Anfang an nicht die Ruine ins Auge, sondern der steile Steinturm, der sich daneben erhebt und wie ein Teil der Anlage wirkt. Direttissima sollten sich daran nur geübte Kletterer versuchen. Doch von unserem Anmarsch gesehen linksrum befinden sich in Stein gemeißelte Treppen, die von der Seite auf die markante Formation hochführen, zusätzlich mit einer starken Kette zum Festhalten gesichert. Wie über einen Grad erreichen wir bedächtigen Schrittes das auf dem schmalen Plateau postierte Gipfelkreuz. Das Kruzifix aus heimischem Holz verstärkt im Ansatz ein Stück Eisen. Viele empfinden diesen Platz am Abgrund als einen im wahrsten Sinne erhebenden Ort, eingeschlossen von den Ruinenresten und dem zauberhaften Wald. Passenderweise nutzte ein Vater im Sommer 2022 den lebendigen Felskopf, um seines im April dieses Jahres verstorbenen Kindes zu gedenken.

DAS VERLORENE KINDLEIN Hand aufs Herz: Auch wenn wir es uns nicht ständig vor Augen führen, bleibt unser Leben auf Erden begrenzt. Bei alledem empfinden wir es als besonders schlimm, wenn ein junger Mensch sterben muss. Und genau das geschah wohl mit einem sehnlichst erwarteten »Sternenkind«. Zum Abschied und noch mehr als eine Art und Weise, tiefe Trauer in Worte zu fassen, findet sich am Gipfelkreuz im Frühjahr 2022 ein Brief, adressiert an den verstorbenen kleinen Liebling. Den traurigen Engel, der neben dem Kruzifix steht, ergänzt der Schriftzug: »In stillem Gedenken.« Im selben Atemzug offenbart sich die Weisheit: »Was wir lieben, vergessen wir nicht.« So vergehen die Jahre. Im Herbst bläst der Wind, im Winter bedecken Schneeflocken die Szenerie, im Frühling bricht sich die Sonne ihre Bahn und läutet den Sommer ein. Während die lieben Seelen ihren Frieden suchen, weist das morsche Holzkreuz an dem Platz des Erinnerns zu jeder Jahreszeit gen Himmel. Dergestalt wirkt dieser verlorene Ort als einer, an dem Herzen gegenseitige Nähe verspüren.

Das besondere Erlebnis

Ein Ort christlich-religiösen Hoffens samt seltenem Schlupfstein liegt vom Sengersberg nur zwei Kilometer Luftlinie entfernt. Wir erreichen den ausgeschilderten Wallfahrtsort Marienstein mit dem Fahrzeug, wenn wir vom Feldweg links nach Au fahren und bei der dortigen T-Kreuzung erneut links abbiegen. Sogleich sehen wir das markant in die Landschaft gesetzte Gotteshaus St. Peter und Paul rechter Hand wie eine Burg auf dem Mariensteiner Fels thronen. Geparkt wird beim Gasthaus Eder. Dort erhalten wir von Mittwoch bis Samstag die Schlüssel für das Gotteshaus. Am Sonntag steht es offen. Aufgepasst: Mit Blick für das Ungewöhnliche, steigen wir nicht die »Himmelsstiege« mit ihren 98 Stufen empor, sondern lassen Stufen, Marienstatue und Kriegerdenkmal rechts liegen. In einem angenehm zu gehenden Bogen wird der Hintereingang der Kirche erklommen. Direkt rechts neben der schweren Holztür, zwischen Blitzableiter und Stiegengeländer, offenbart sich ein jederzeit zugängliches Schlupfloch, lange Zeit das Ziel reuiger Menschen. Wer sich hindurchzwängt, soll dem Volksmund nach seine Sünden oder gar seine Krankheiten abstreifen. Zum Haupteingang der Kirche hin endet der Schlupf an einer Tür. Während der Glaube an die heilende Kraft von Mutter Erde auf einen vorchristlichen Ursprung hinweist, empfehlen katholische Pfarrer zum Erlass von Sünden den Beichtstuhl. Wer die Kirche betritt, sollte einen Blick auf die hintere Bankreihe werfen. Dem Felsen samt Schlupfstein angepasst, zeigt sich das Gotteshaus nämlich nicht ganz rechtwinklig, was sich auf ganz eigene Art und Weise auf die hinterste Sitzbank auswirkt.

Diesen Steinturm erklimmen Schwindelfreie von der Seite über Treppen und erleben ein Gipfelerlebnis der anderen Art.

7

DIE DUNKLEN SEITEN DER SCHWARZEN LABER

Kolossale Papierfabrik bei Sinzing

Der monumentalste Industriekomplex der Region ruht zwischen der Staatsstraße 2394 und der Schwarzen Laber. Während das Betreten der Hauptgebäude der ursprünglichen Pustet-Papierfabrik streng untersagt ist, stehen weitere stillgelegte Bauwerke daneben einsam im wuchernden Wald.

Alling, Landkreis Regensburg, Oberpfalz **Ort/Place** Altes Fabrikgelände, Labertalstraße 4, 93161 Sinzing **GPS** 48.984796, 11.990936 (Bushalt) **Anfahrt** A3 bis Ausfahrt Sinzing, weiter in Richtung Viehhausen bis zum grünen Alling-Schild hinter Unteralling

Anno dazumal: Die Info-Tafel am Nordufer der Schwarzen Laber verewigt dieses Foto der intakten Pustetschen Papierfabrik.

↑ Den Industriekomplex neben der Labertalstraße überragt ein riesiger Schlot.
↗ Blick auf die Fabrik vom verwilderten anderen, nördlichen Flussufer

VON HINTEN Wer zunächst den 250 Meter langen Gebäudekomplex rechts liegen lässt und dahinter rechts auf der Straße Am Röth den Fluss überquert, kann sich vom verwilderten anderen Ufer aus einen Eindruck von den Ausmaßen der alten Papierfabrik verschaffen. Dabei hilft eine dort aufgestellte Infotafel. Heute gilt die unternehmerische Brache als gewaltiges Monument der Industrialisierung im 19. Jahrhundert. Als steingewordene Zeugen ragen wuchtige Mauern in den Himmel.

DAS UNTERNEHMEN Im Jahr 2020 feierte die Firma Pustet ihr 200-jähriges Bestehen. Was zu ihren Anfängen gehört, sehen wir in Alling. Nach englischem Vorbild ließ dort Friedrich Pustet I. ab 1836 industriell Papier in Form von Endlosbahnen herstellen. Die Kraft des Flusses lieferte die dafür nötige Energie, ergänzt durch Braunkohle aus dem nahen Viehhausen. Als nächster Schritt erfolgte das Gründen eines liturgischen Verlags. Stück für Stück entstand ein Firmen-Imperium, welches im letzten Jahrhundert einem ständigen Wandel unterlag. Die Papierfabrik veräußerte Friedrich Pustet III. bereits zu Zeiten des Ersten Weltkriegs. Nach dem Verkauf – eine kluge Entscheidung – wechselten die Besitzer mehrmals. Bis 1972 sollen hier noch Kartons hergestellt worden sein. Heute verbinden Leseratten den Namen Pustet mit prosperierenden Buchhandlungen und solide recherchierten Verlagserzeugnissen.

VON VORNE Das Betreten der Hauptgebäude verhindert ein verschlossenes Tor. Es zeigt sich die deutliche Botschaft angebracht: »Unbefugten ist das Betreten des Betriebsgeländes verboten.« Und: »ACHTUNG! Videoüberwachung.« Direkt neben der Straße scheint der alles überragende Schlot über das Gelände zu wachen. In der Tat handelt es sich um einen mächtigen Industriekomplex, der hier zwischen Straße und Fluss wie eingezwängt daliegt. Die Fabrik versuchten nach der Schließung mehr oder weniger findige Unternehmer weiter zu nutzen. Probiert haben soll es hier – in welchen Gebäudeteilen auch immer – eine Möbelfabrik oder ein Modehaus. Bei der Recherche vermeldet etwa Google-Maps unter der Fabrik-Adresse die Firma Philipp Peter als »vorübergehend geschlossen«.

ECHT DANEBEN Ein Internet-Auftritt von Horst K. Danner, Pilz-Naturkost, verortet sich hier ebenso. Von der weiter bestehenden Bushaltestelle an der Staatsstraße liegt der Verkaufsraum in einem der nebenstehenden Gebäude nur ein paar Schritte entfernt. Nur rechter Hand sperrt ein kurzer Bauzaun den Zugang zu einer Handvoll Betonschwellen ab. Danners Firmensitz zeigt sich komplett verwaist. Der Zettel »Herzlich willkommen – Danner's Pilz-Delikatessen« hängt auf alle Fälle vergilbt vor der verschlossenen Tür. Nichtsdestotrotz trägt der riesige Schlot am Haupteingang wie ein überdimensioniertes Türschild immer noch den Schriftzug ebendieser Firma. Verschiedenste Pilze gedeihen rundherum wohl nur noch auf eigene Faust.

KEIN ANSCHLUSS Zu den vorgelagerten Gebäuden der stillgelegten Fabrik zählt auch der alte Bahnhof. Das sogenannte Allinger Bockerl verkehrte nämlich von Sinzing speziell für den Güterverkehr hierher. Seit dem endgültigen Stilllegen der Stichstrecke im Jahr 1985 braucht niemand mehr das Bahnhofsgebäude, das wohl die eigene Anschrift

↓ Triste Nische neben dem geschlossenen Verkaufsraum

↘ Endstation Bahnhof: Vom Eingang aus lässt sich das Treppenhaus erspähen.

Im Unterschied zu den anderen Gebäuden zeigt sich die alte Waldgaststätte bewohnt (siehe rechts unten)

Labertalstraße 2 trug. Unter anderem die bereits erwähnten Betonschwellen zeugen noch heute vom einstigen Verkehrsaufkommen. Auf der ehemaligen Bahnstrecke verläuft in Richtung Sinzing mittlerweile ein Radweg, allerdings am anderen, nördlichen Ufer. Die Brücke, welche das Bockerl zuletzt neben die heutige Straße ans Südufer brachte, existiert nicht mehr. Weiterhin deutet 400 Meter flussabwärts ein Knick am Radweg an, wo einst der dazugehörige Übergang der Gleise bis direkt vors Werk erfolgte. Neben dem Bahnhof stehen weitere ungesicherte Gebäude, darunter das ehemalige Aborthäuschen und der alte Güterschuppen.

Das besondere Erlebnis

Natürlich sticht die auf der gegenüberliegenden Straßenseite erhöht gelegene Villa ins Auge. Dabei handelt es sich um die alte Waldgaststätte mit der Adresse Labertalstraße 1. Zu dem heutigen Anwesen Ertl gehören drei Briefkästen. Das heißt: Hier wohnt jemand, der sicher seinen Frieden haben will. Nichtsdestotrotz wirkt das historisierende Gebäude samt morschen Balkonen fotogen. Vor den von Pflanzen überwucherten Treppen liegt ein Schild, auf dem die Besitzer hinweisen: »KEIN WINTERDIENST. Betreten auf eigene Gefahr.«

Wer sich aus Richtung Landshuter Straße heranpirscht, bekommt das Regensburger Schloss Pürkelgut derart zu Gesicht.

8

VON GLORIA VERKAUFT

Rund um Wasserschloss Pürkelgut in Regensburg

Wer von der A3-Abfahrt Regensburg Burgweinting die Landshuter Straße entlangfährt, sieht rechter Hand zurückversetzt ein verwunschen wirkendes Gemäuer hervorspitzen: Schloss Pürkelgut. Beim näheren Betrachten fasziniert das ganze Drumherum.

Stadt und Landkreis Regensburg, Oberpfalz **Ort/Place** Einhauser Str. 2, 93053 Regensburg **GPS** 49.004050, 12.133254 (Vorplatz) **Anfahrt** Von der Landshuter Straße nahe Avia-Tankstelle in die Zeißstraße abbiegen, vor dem Gleiskörper folgt 90-Grad-Kurve nach rechts mit Übergang in Dieselstraße, abschließend B15-Unterführung

Bröckelnder Putz kennzeichnet die alte Schlossökonomie.

BEDÄCHTIG NÄHERN Jahrelang stieg vor dem Schloss das Mittelalterfest namens »Hexentanz und Feenzauber«. Vergilbte Plakate werben vor Ort immer noch für Open Airs. Angesichts von Tausenden Musikfans, die immer wieder tageweise hierher pilgern, handelt es sich streng genommen um alles andere als einen klassischen Lost Place. Doch es gibt die vielen anderen Tage, an denen sich auf einem Streifzug um den Privatgrund herum Spannendes entdecken lässt.

GRÖSSER UND ÄLTER Dieselbe Postanschrift wie das Schloss trägt die mindestens ebenso altehrwürdige Schlossökonomie. Das mächtige Gut zeigt sich wie ein überdimensionaler Vierseithof angeordnet. Auf der linken Seite des Torbogens findet sich das Schild »Durchfahrt verboten«, auf der rechten »Schritttempo fahren«. Nicht nur an dieser Stelle passt nicht alles zusammen. Womöglich gerade das zieht manche magisch an. Aufgepasst: Prinzipiell steht das Gut nicht leer. Vielmehr residiert in der alten Schlossökonomie eine bunte Mischung an tendenziell hippen Firmen. Wo einst Maschinen in Hallen lagerten oder in Getreidespeichern Rüben für die damalige Zuckerfabrik, werkeln bei unserer Recherche zwischen zugemauerten Luken, bröckelndem Putz und löchrig werdenden Ziegeldächern ein Veranstaltungsservice, ein Dekoverleih oder die Regensburger Stadtzeitung. Das erklärt die Autos, die berechtigt im Innenhof parken. Die ganze Schlossökonomie reicht in ihren Ursprüngen ins Spätmittelalter zurück, ist also weit älter als Pürkelgut selbst. Erst auf den zweiten Blick wird deutlich, dass sich hinter dem großflächig-quadratischen Gut noch einmal zwei weitere, sogar noch breitere Gebäude befinden.

Das mächtige Ensemble gewährt vielerorts spannende Einblicke.

BLICK ÜBERN SCHLOSSZAUN Das Herz des ganzen Ensembles bildet natürlich das Schloss. Mit seinen zwei Stockwerken und dem äußerst geräumigen Dachgeschoss strahlt es trotz seines erbarmungswürdigen Zustandes eine gewisse Erhabenheit aus. Aus gebührendem Abstand lässt sich das eingewachsene wie eingezäunte Gemäuer erspähen, dessen Kamine von Weitem an die Kerzen auf einem Adventskranz erinnern. Beim genauen Betrachten jagt einem ein Schauder über den Rücken, wie das Dach dazwischen wellt. Einst verborgene Ziegelsteine lassen die Bauweise der Mauer erkennen. Der schlammige Graben deutet an: Eigentlich handelt es sich um ein Wasserschloss. Die Fenster in den Obergeschossen zeigen sich abgedichtet, im Erdgeschoss zusätzlich vergittert. Auf dem Grund herrscht Ruhe, abgesehen von einer Handvoll Schrebergärten, die das Schloss einrahmen.

DAMEN UND HERREN Ausgenommen die Gotteshäuser, handelt es sich bei Schloss Pürkelgut um das beeindruckendste Barockgebäude in Regensburg. Vor rund 300 Jahren ließ der erfolgreiche Kaufmann Johann Jakob Pürkel das Schloss errichten, was dessen Namen erklärt. Erst Mitte des 19. Jahrhunderts erstand das Adelsgeschlecht Thurn und Taxis das Gemäuer. Doch seit bald fünf Jahrzehnten steht es leer und zeigt sich dem Verfall preisgegeben. Als der barocke Bau um die Jahrtausendwende einzustürzen drohte, ließ Gloria von Thurn und Taxis wenigstens den Dachstuhl provisorisch abstützen und flicken. Nachdem der Verkauf an die Stadt im Jahr 2015 scheiterte, erstand das örtliche Immobilienzentrum (IZ) Regensburg das denkmalgeschützte Objekt samt fast 50000 Quadratmeter Grund. Gerüchten vor Druck des Buches zufolge soll eine Tierarztpraxis in die Räume einziehen. Der Veterinärmediziner, der dazu das Gespräch sucht, soll in einen Schweinemastskandal verwickelt sein. Sieht so der Prinz aus, der das Schloss wachküsst?

ALTES KASERNENVIERTEL Bereits von der Landshuter Straße in Richtung Bahngleise betreten wir an der Zeißstraße eine Welt des Umbruchs. Viele Gebäude stehen bei unserer Recherche leer. Größtenteils handelt es sich um die ehemalige Prinz-Leopold-Kaserne, die in verschiedenen Planungs- und Bauphasen einem neuen Stadtquartier im Osten weichen muss. So sollen dort der Stadt gemäß etwa bis Mitte der zwanziger Jahre die Abbrucharbeiten von sage und schreibe 37 Gebäuden abgeschlossen sein sowie bereits die ersten Wohneinheiten eines Innovationsquartiers stehen. Nicht viel anders sieht es bei den dahinter, in Richtung Schloss liegenden Hallen aus. Es dominiert Leerstand oder Zwischen- und Restnutzung. So reiht sich manch altes an manch verlorenes Gebäude. Da bei der Recherche gerade der Abrissbagger an vorderster Fron sein Werk beginnt und am Mosaik des Bataillonswappens kratzt, handelt es sich um eine Momentaufnahme, was im Großraum Guericke-/Zeißstraße, Gleiskörper und B15 passiert. In welche Richtung auch immer – sicher wird sich in den nächsten Jahren in dem alten Kasernenviertel einiges tun. In der ehemaligen Pionierkaserne befindet sich bei Druck des Buches übrigens das regionale Ankerzentrum.

Die baufällige Fassade des märchenhaften Wasserschlosses wirkt weiterhin altehrwürdig.

9

DER VERSIEGTE ZAPFHAHN

Abstecher in den Gäuboden: Sünchinger Sommerkeller

Bevor es elektrische Kühlungen gab, dienten Sommerkeller dazu, das Bier kühl zu lagern. Praktischerweise direkt davor konsumierten Durstige in der warmen Jahreszeit den Gerstensaft – und der bayerische Biergarten war geboren. In Sünching bekommen wir Überreste dieser Tradition zu Gesicht.

Sünching, Landkreis Regensburg, Oberpfalz **Ort/Place** Alter Sommerkeller, Am Hardt 21, 93104 Sünching **GPS** 48.870304, 12.358847 **Anfahrt** Aus nördlicher und östlicher Richtung via B8; Ortsteil liegt von der Mitte 1 km in Richtung Geiselhöring/Süden

Von der Staatsstraße Sünching–Geiselhöring aus offenbart sich das ganze Ausmaß des trist daliegenden Sommerkellers.

ZUM EINSTAND Zu einem Sommerkeller gehörte das Schankrecht. Während die Gäste im Winter den Gerstensaft in den einschlägigen Wirtshäusern vorgesetzt bekamen, brachten die Brauer das frisch gezapfte Bier in der warmen Jahreszeit gleich vor der Lagerstätte auf den Tisch. Das ersparte den leidigen Transport des gekühlten Getränks mit der Kutsche durch die wärmenden Sonnenstrahlen. Damit es über und vor dem Sommerkeller schattig und möglichst kühl blieb, half das Pflanzen von geeigneten Bäumen mit breiter Krone und dichtem Blätterwerk, allen voran Kastanien, aber auch Linden. Passend dazu zeigt sich auch der Sünchinger Sommerkeller nach Norden hin ausgerichtet, also von der Sonne abgewandt. Um den städtischen Wirten ihr Geschäft nicht ganz zu verderben, untersagte König Max I. Josef im Jahr 1812 den Sommerkellern den Verkauf von Speisen. Darauf geht zurück, dass in typischen Biergärten bis heute eine kleine Brotzeit mitgebracht werden darf.

SÜNCHINGER SITUATION Noch immer behütet ein geschmiedetes Eisengitter den Torbogen zum alten Eiskeller. Flankierende Verbotsschilder neben der grün gestrichenen Tür deuten an, dass es sich einst um den zentralen Eingang handelte. In der Tat verbirgt sich dahinter ein Kellergewölbe auf sage und schreibe 100 Meter Länge. Das entspricht dem Ausmaß des schlanken, darüber liegenden Gebäudes samt Walmdach. Früher schnitten Arbeiter im Winter das Eis aus dem Schlossweiher und transportierten die Stangen zum Sommerkeller. Über sogenannte Eisschütten rutschte das gefrorene Nass unter das dortige Tonnengewölbe. Dass der Sünchinger Sommerkeller wohl aus dem 18. Jahrhundert stammt, macht klar, dass sich die beschriebene Art des Kühlens auch hier lange Zeit bewährte. Noch heute spendet das Laub der angepflanzten Bäume im

Moosbedecktes Dach auf der dem alten Biergarten zugewandten Gebäudeseite

Sommer jede Menge Schatten. In seiner Gesamtheit erinnert das Stück Natur an einen kleinen Park.

DAS SCHANKHAUS Typischerweise zeigt sich auch der Sünchinger Keller von einem Wirtshaus überbaut. Bis 2009 gab es hier eine ständige Gastronomie mit gemütlichem, erhöht gelegenem Biergarten zwischen dem damaligen Lokal und dem achteckigen Holzpavillon. Der markante Bau mit Zeltdach stammt laut Liste der örtlichen Baudenkmäler aus dem frühen 19. Jahrhundert. Überraschenderweise steht nicht nur das ganze Ensemble unter Denkmalschutz, sondern auch die Treppe, worauf ein Schild extra hinweist. Der eiserne Handlauf zeigt sich allerdings an Beton festmontiert. Auf alle Fälle darf der alte Zugang zum Gasthaus und zum Biergarten »baulich nicht verändert werden«. Darüber hinaus heißt es: »Das Betreten erfolgt auf eigene Gefahr.«

AM EINGANG Wer von der Kreuzung Staatsstraße–Ochsenstraße auf das Gelände zugeht, trifft auf einen Granitstein, auf dem ein Hahn sitzt. Allerdings ist das nicht mehr das Original. Hintergrund: Den Vorgänger des heutigen Gefieders, ein bunter Gockel aus Gusseisen, rissen im Jahr 2013 zerstörungswütige Vandalen vom Sockel, um ihn zu stehlen. Auch wenn auf dem Findling immer noch groß »Sommerkeller« eingraviert und mit blauer Farbe angestrichen steht: Der Zapfhahn an der Theke am anderen Ende der Wiese zeigt sich schon lange zugedreht. Wo einst die Zecher fröhlich beieinander saßen, herrscht gespenstische Ruhe. Die Fensterläden des hölzernen Achteckbaus sind geschlossen, nichts wird mehr hinausgereicht. Auch das sich anschließende, intakt aussehende Gebäude neueren Datums verschließt sich heutigen Gästen zur Gänze.

ÜBERS GELÄNDE Am Hauptgebäude blitzen neben den vergitterten Fenstern fast durchgängig die nackten Ziegelsteine hervor. Feuchte Stellen und erste Löcher tun sich bereits auf der Stirnseite auf. Hohe Kamine zeigen sich angeschlagen. Moos breitet sich auf dem Dach über den Ziegelschindeln teils flächendeckend aus. Kurzum: Die Natur rückt dem lang gezogenen Gebäude Stück für Stück näher. Etwa in der Mitte des Haupttrakts verdeckt ein mächtiges Blech Stellen, die komplett leckgeschlagen sein dürften. Dasselbe Bild zeigt sich auf der anderen Seite des Giebels. Ein Schild warnt: »Betreten der Baustelle verboten!« Zur Staatsstraße hin zeigt sich das ganze Malheur: Ein Bauzaun riegelt notdürftig ab, wo ein kleiner, doch deutlich sichtbarer Teil des Gebäudes in sich zusammenfiel. Nicht umsonst lautet ein weiterer Hinweis: »ACHTUNG! Wegen Einsturzgefahr ist das Betreten der abgesperrten Fläche verboten. Der Eigentümer haftet nicht bei Unfällen.« Tiefe Risse im Mauerwerk, welches Pfosten teils abstützen, unterstreichen diese Warnung eindringlich.

↓ Löchrig zeigt sich der einst ruhmreiche Sommerkeller derzeit an vielen Stellen.

↘ Hinter dem Torbogen mit dem Eisengitter verbirgt sich der einstige Eiskeller.

DEM ENDE NAH Nicht nur die althergebrachte Brauerei-Kultur, auch ein traditionelles Treffen verbindet sich mit dem Gelände, selbst nachdem das Gasthaus seine Pforten schloss. Etwa weitere zehn Jahre lang stieg auf dem Areal neben der Raunacht mit Feuerzauber nämlich der Taubenmarkt, was vielen Einheimischen im Gedächtnis bleibt. Insgesamt zog diese Veranstaltung über fünf Jahrzehnte lang mindestens jeden zweiten Sonntagvormittag im Monat die Tierfans aus nah und fern an. Der Name Taubenmarkt täuscht darüber hinweg, dass es nicht nur vielerlei Gefieder, sondern auch Kleintiere wie Kaninchen, Meerschweinchen oder Hamster zu bestaunen gab. Indes heißt es bei Druck des Buches auf den nicht mehr gepflegten Sommerkeller-Websites: »Der Sünchinger Taubenmarkt findet bis auf Weiteres nicht statt!« Zum selben Zeitpunkt stammt beim dazugehörigen Facebook-Auftritt der letzte Eintrag bereits von Halloween 2019. Ob oder wie es auf dem altehrwürdigen Gelände weitergeht, liegt gut unterrichteten Einheimischen zufolge in den Händen eines örtlichen Autohändlers, welcher Gebäude und Grundstück erstanden haben soll.

Das besondere Erlebnis

Wer schon einmal in der Gegend ist, kann als Auftakt oder Zugabe an der Geiselhöringer Straße in Sünching das Areal zwischen Schloss und Großer Laber unter die Lupe nehmen. Während sich im schmucken, achteckigen Hauptgebäude nur auf Einladung des Hausherrn die Tür öffnet, bergen weitere Gebäude auf dem Gelände im Spannungsfeld zwischen renovierten und verfallenen Ecken manches Geheimnis (wenn nicht gerade die Gartenlust-Ausstellung steigt). Wer entdeckt die alte Schlossbrauerei, zu welcher der Sünchinger Sommerkeller ursprünglich gehörte?

Anfang und Ende: Auf einem Granit-Findling harrt dieser Hahn aus.

Verwinkelt wirkt das alte Fabrikgebäude nicht nur an seiner südöstlichen Ecke.

10

DER SCHLAFENDE KOLOSS

Abstecher in den Gäuboden: Malzfabrik Geiselhöring

Zwischen geschäftigen Unternehmen ragt südlich der Bahngleise ein gewaltiger Komplex empor: die stillgelegte Malzfabrik Pfister, Mayr & Co. Wer das denkmalgeschützte Ziegel-Monstrum sehen will, muss sich womöglich sputen, denn die Stadt denkt daran, darin innovative Quartiere unterzubringen.

Geiselhöring, Landkreis Straubing-Bogen, Niederbayern **Ort/Place** Alte Malzfabrik, Kaltenbrunner Weg 7, 94333 Geiselhöring **GPS** 48.823198, 12.395502 **Anfahrt** Aus nördlicher Richtung via B8 und Sünching, am Stadtplatz in Pfeilrichtung Haindling; aus östlicher Richtung an Straubing vorbei, dann via B8 und Perkam oder Feldkirchen und Hainsbach

ERSTER EINDRUCK Beim Bahnübergang an der Dingolfinger Straße biegen wir in Richtung Hydrogärtnerei ab. Hinter dem folgenden Linksknick ragt unübersehbar das mächtige Gebäude empor. Immerhin handelt es sich um einen viergeschossigen Backsteinbau mit Flachdach. Seine Grundfläche beträgt stolze 80 auf 30 Meter. Zum überhöhten Maschinenhaus zählt die sogenannte Darre zum Trocknen oder leichten Rösten von Malz.

DER ANFANG Im Jahr 1888 begann die Malzfabrik ihren Betrieb. Der Start verlief vielversprechend, sodass nur vier Jahre später ein zweigeschossiger Anbau mit flachem Pultdach folgte. Fast genau 100 Jahre nach Inbetriebnahme war der einstige Stern am Brauereihimmel verblasst: 1987 schloss die Fabrik ihre Tore für immer. Vier Dekaden lang verfällt das einzigartige Industriedenkmal in Geiselhöring an den Gleisen der Strecke Neufahrn–Radldorf. Trotz seiner Ausmaße mutet das imposante Ziegelgebäude nackt an, wenn auch in sich ruhend. Auf alle Fälle scheinen auf dem Gelände Hopfen und Malz verloren.

KEIN ANSCHLUSS Das Areal der ehemaligen Malzfabrik zeigt sich bei der Recherche zugänglich. Am verwaisten Parkplatz gegenüber der Gärtnerei stehen zwar einzelne Bauzaun-Elemente. Angesichts der Größe der stillgelegten Fabrik wirken diese wie verloren. Ein Schild mahnt: »Ausfahrt freihalten!« Beim Mauerwerk darüber zeugen die Fensterstürze nach wie vor von handwerklich sauberer Arbeit. Das Fensterglas selbst zeigt sich teils intakt. Oft ersetzen es

↓ Auch diese notdürftig verrammelte Tür verwehrt den Einlass.

↘ Vergittert und zugemauert zeigt sich dieses Fenster auf der Westseite.

Groß und mächtig: die Malzfabrik vom Kaltenbrunner Weg aus betrachtet

↑ Präzise Angaben ohne aktuellen Nutzen finden sich zum Brunnen.

↗ Die südliche Seite des Gebäudes zeigt sich besonders stark angegriffen.

Gitter, Verschalungen oder Ziegelsteine. In Richtung zu den Gleisen, also nach Norden hin, stehen Rohre aus der Fabrikwand hinaus und erinnern an die Gliedmaßen oder Sinnesorgane von Aliens. Wer eins und eins zusammenzählt, geht davon aus, dass dieser Bereich früher mit einem Schienenstrang zum Be- und Entladen von Güterwagons an die Bahnlinie angeschlossen gewesen sein dürfte. Ein Vordach über einer Rampe sowie Rutschvorrichtungen bestätigen diesen Eindruck, auch wenn von den Gleisen an dieser Stelle nichts mehr zu sehen ist. Indes sieht ein einzelnes Graffiti an der Wand aus wie ein Tag, wie Signaturen von »Writers« heißen.

OSTEN UND SÜDEN Da die Fenster zur Straße hin vom ersten bis zum vierten Geschoss durchweg zugemauert sind, wirkt der östliche Gebäudeteil wie eine überdimensionale Mauer. In einigen wenigen Rissen im Ziegelwerk versucht die Natur in Form von Samenanflug ihr Glück. Poröse Regenrinnen sorgen für Feuchtigkeit. Um die Ecke rum wirkt das Schild mit der Aufschrift »Türe zu« wie eine knappe Weissagung. Naturgemäß gewinnt die Pflanzenwelt an der hellen, nach Süden hin ausgerichteten Häuserflucht besonders schnell an Boden. In der Tat sehen die Ziegel stellenweise arg angeschlagen aus. Schächte zeigen sich durch Maschendrahtzaun notdürftig verschlossen.

Zu den Gleisen hin empfangen verwaiste Ladevorrichtungen der alten Malzfabrik.

ENDE GELÄNDE Der westlichen Seite der vormaligen Fabrik Pfister, Mayr & Co. rückt die Natur in Form eines Jungwalds auf die Pelle. Die Fenster sind auf verschiedene Art und Weise verrammelt. Zwischen dem Gestrüpp zeigt sich ein tiefer Bodenschacht provisorisch mit Holzpfosten bedeckt, ein anderer sogar offen. Da es an dieser Stelle ungesichert mehrere Meter tief hinabgeht, ist größte Vorsicht geboten! Dagegen ist der Rest des Gebäudes vernünftig abgesichert.

BLICK NACH VORNE Seit 2022 zählt die Stadt Geiselhöring zu zehn ausgewählten Modellkommunen in Bayern. Im Rahmen der staatlichen Initiative namens Landstadt Bayern winken Fördergelder für innovative Quartiere mit Wohnungen, Büros und Gastronomie. In dieser Hinsicht rückt das Umgestalten des erweiterten Bahnhofsgeländes samt der denkmalgeschützten Malzfabrik, dem geschlossenen Postgebäude und dem ehemaligen Feuerwehrgerätehaus ins Blickfeld, was natürlich das Gesicht des Areals massiv beeinträchtigen würde. Selbst der Bahnhof soll ehrgeizigen Plänen zufolge umziehen. Wenn die Deutsche Bundesbahn mit von der Partie ist, könnte sich die Sache allerdings hinziehen. Indes blieb die Anfrage ans örtliche Bauamt in Bezug auf die grobe Terminplanung bis Druck des Buches unbeantwortet.

11

KANTIGE KÜNSTLICHE CANYONS

Das Herzstück des Steinbruchwegs bei Zachenberg

Wo früher Menschen mit schweren Maschinen der Erde knallharten Stein abrangen, herrscht seit rund 50 Jahren unheimliche Ruhe. Auf eine lohnende Pirsch geht, wer das Herzstück des heutigen Rundwegs mit den ergiebigsten Brüchen ins Visier nimmt.

Zachenberger Steinbruchweg, Landkreis Regen, Niederbayern **Ort/Place** Hartl-, Rosenlehner- und Wagner-Bruch **GPS** 48.961839, 13.022689 (Wanderparkplatz) **Anfahrt** U. a. via B85 und B11, östlich von Ruhmannsfelden zuletzt nach Muschenried abbiegen und dann nicht mehr Richtung Zachenberg fahren

Beim Abstecher zum aufgelassenen Hartl-Bruch erhebt sich über der untersten Sohle eine gewaltige Wand.

ZACHENBERGER STEINBRUCHWEG Die komplett ausgeschilderte Runde samt Abstechern macht knapp 9 km aus und umfasst neun stillgelegte Steinbrüche. Wir beschränken uns auf drei verwunschene Orte. So reduziert sich unser Streifzug auf 1,75 km inklusive der Abstecher zu den aufgelassenen Bruchstätten und den Resten abgewrackter Sprengstoff- und Hauerhütten drum herum. Dafür braucht es rund eine Stunde, wozu in diesem speziellen Fall »Hals- und Steinbruch« gewünscht sei.

EINE REINE SCHINDEREI Vor weit weniger als 100 Jahren nutzten die Waidler noch Pferdefuhrwerke für die Arbeit in Steinbrüchen. Später erledigten Lastwagen den Transport der Leisten-, Pflaster- und Grenzsteine zum Ruhmannsfeldener Bahnhof in die dort bereitgestellten Güterwaggons. Von den zwanziger Jahren des letzten Jahrhunderts bis vor rund 50 Jahren dauerte die Blütezeit der Zachenberger Steinbrüche. Spürnasen entdecken noch heute zahlreiche Überbleibsel des arbeitsreichen Treibens. Dazu gehen wir von unserem versteckten Wanderparkplatz wenige Meter auf der befestigten Straße bergauf und schwenken gemäß Pfeil auf den Rundweg ein, der mit Hammer und Meißel markiert ist.

HARTL-BRUCH Beim kurzen Abstecher zum Hartl-Bruch, der auf das Jahr 1925 zurückgeht, machen Neugierige die erste monströs wirkende Wand aus. Deren oberer Rand reckt sich rund 25 Meter gen Himmel.

Außer Dienst: Im Wagner-Bruch tut dieser Lastenkran keinen Mucks mehr.

Darunter waren früher rund zehn Arbeiter damit beschäftigt, sich in den Fels hineinzuarbeiten. Der dafür genutzte Sprengstoff lagerte zentnerweise in Kisten. Unter der Abbruchkante in der tiefer gelegenen Steinbruchsohle sammelt sich heute trübes Wasser. Stück für Stück wächst der von Menschenhand gemachte Tümpel zu einem artenreichen Biotop heran. Da dieses Terrain jenseits von Fauna und Flora noch allerlei Bruchstücke entdecken lässt, fühlen sich rund um die Steine nicht nur Zauneidechsen, sondern auch Neugierige wohl.

ROSENLEHNER-BRUCH Zur selben Zeit wie im Hartl-Bruch sprengten die Rosenlehner-Eigner das Gestein aus der Erde hinaus. Aus dem dortigen künstlichen Canyon belieferte die Unternehmerfamilie exklusiv die bayerischen Vermessungsämter mit Grenzsteinen. Tragisch ums Leben kam Joseph Rosenlehner im Jahr 1970, als eine von drei angebrachten Sprengladungen erst nachträglich detonierte und ihn unvermittelt in den Tod riss. Das Erbe führte Lorenz Rosenlehner fort. Der fleißige Mann gehörte zu den Steinhauern von Zachenberg, welche die Tradition länger als andere aufrechterhielten. Doch auch sein Einsatz konnte nicht verhindern, dass am Eingang und am Zugang zum Rosenberger Bruch mittlerweile je eine Ruine vor sich hin dümpelt.

WAGNER-BRUCH Im Unterschied zu den beiden anderen Steinbrüchen lässt sich beim Abstecher zum Wagner-Bruch der alte Lastenkran erspähen. Mächtige Fichten und weiches Moos beginnen, das harte Metall geduldig einzuwachsen. Der reichlich gebildete Rost lässt das einsam im Wald stehende,

↓ Auch dieses Zahnrad steht bereits seit mehreren Jahrzehnten still.

↘ Was die Steinhauer zurückließen, rostet Stück für Stück vor sich hin.

Neben dem letzten Gebäude auf unserer Runde rostet dieser Tank vor sich hin.

schwere Gerät wie ein Industriedenkmal wirken. Dahinter beeindruckt die allerhöchste Abbruchkante mit geschätzt locker 30 Meter Höhe. Auf einem Stahlträger lässt sich die Aufschrift »Fischen verboten« ausmachen. Angesichts des trüben Wassers im künstlichen Canyon braucht wohl niemand eigens darauf hinweisen. Geschichtlich reicht das Anwesen im Steinbruch Wagner bis 1911 zurück, der dortige Steinbruch in das Jahr 1922. Und auch hier passierte ein Unglück: Im Jahr 1934 stürzte der Kippwagen über den Abraum in die Tiefe. Das weiß jedenfalls die »Geschichte von Zachenberg« von August Högn und Anton Trellinger zu berichten. In der Tat ist die Arbeit im Steinbruch kein Zuckerschlecken, sondern birgt Gefahren.

DAS ENDE NAHT Zurück auf dem Hauptweg, lassen wir das überdachte Gelände sowie eine Lagerhalle rechts liegen. Das folgende Haus neben dem Tank mit dem vergilbten Shell-Logo war bei Druck des Buches frei zugänglich. Die Feuerstelle darin erlosch freilich schon vor Jahren. Nach dem Bogen landen wir zu guter Letzt auf einer Forststraße. Aufgepasst: Dort folgen wir nicht mehr dem Steinbruchweg-Symbol, sondern marschieren halbrechts auf unmarkierter Strecke weiter und landen nur einen Steinwurf entfernt beim Parkplatz. Hand aufs Herz: Die sechs weiteren stillgelegten Steinbrüche auf der restlichen regulären Runde toppen das Gesehene keinesfalls, insofern können wir es getrost bei unserer Erkundungstour bewenden lassen.

Dreht sich nicht mehr: das hölzerne Mühlrad beim alten Sägewerk am Rothbach

12

WARUM DIE ALTE MÜHLE NICHT MEHR KLAPPERT

Streit ums Baudenkmal bei Böbrach

Was für ein Anblick: Das Hauptgebäude zeigt sich intakt, wenn auch unbewohnt. Doch die alte Mühle und das angeschlossene Sägewerk direkt am Rothbach dümpeln vor sich hin. Darüber ärgert sich der Eigner aus einem bestimmten Grund, was ein gehisstes Transparent auf den Punkt bringen will.

Böbrach, Landkreis Regen, Niederbayern **Ort/Place** Böbrachmühle/altes Sägewerk am Rothbach **GPS** 49.046889, 13.033794 **Anfahrt** Von Teisnach in Fahrtrichtung Bodenmais ab Parkplatz mit Infotafeln parallel zur Hauptstraße weiter, alternativ in Fahrtrichtung Teisnach in Böbrach das Penninger-Schnapsmuseum rechts liegen lassen und runter zum Rothbach

ZUM RAUSCHENDEN BACH Von der Staatsstraße 2136 Bodenmais–Teisnach tauchen Neugierige bei Böbrach hinab zum Rothbach. Dort erwartet ein stattliches altes Anwesen samt Nebengebäuden. Im Sturz über der Haustür des Hauptgebäudes zeigt sich das Jahr 1833 eingemeißelt. Die wahren Ursprünge der Mühlen-Anlage reichen sogar bis ins Mittelalter zurück. Zum Wildwasser hin lichtet sich der Blick. Hinterm Haupttrakt verrottet nämlich Stück für Stück ein Wasserrad aus Holz, an dem der Rothbach schon länger vorbeiströmt, ohne es wie früher anzutreiben. Dem versiegten Durchlass hinter dem nicht mehr vorhandenen Rechen folgt das alte, angeschlossene Sägewerk. Seine morschen Stelzen wirken, als ob sich etwas gerade noch auf den Beinen halten kann. Unter dem löchrigen Satteldach des Holzhauses verbirgt sich ein altes Band, das einst für Triebkraft sorgte. Daneben rosten Antriebs- und Zahnräder vor sich hin. Für diesen Stillstand, ja schrittweisen Verfall des Baudenkmals Böbrachmühle gibt es folgenden hochoffiziellen Grund.

ALLE RÄDER STEHEN STILL Eigentlich wollte der Erbe die unbewohnte Mühle zum Wasserkraftwerk erweitern und regenerative Energie erzeugen. Dafür sollte eine geballte Ladung von ausgeleitetem Wasser eine unterirdische Turbine antreiben. Erste, in Beton gegossene Maßnahmen in Hinblick auf das Projekt sind nicht zu übersehen. Doch das Landratsamt Regen machte dem Vorhaben einen Strich durch die Rechnung. Die wasserrechtliche Gestattung des Umbaus bekam der Mühleneigner nämlich nicht erteilt.

Hinter der von Natursteinen eingerahmten Holztür verbirgt sich im Nordhang der Leite dieser alte Keller.

Morsche Holzpfähle und vermooste Dachziegel kennzeichnen derzeit das Sägewerk.

Betreten
der Baust
verbote

Wo früher das Wasser zielgerichtet durchströmte, sieht es jetzt wie in einem modrigen Bretterverschlag aus.

Voll klebriger Rückstände, steht auch dieses Rad schon lange still.

Der Grund: Die zuständige Behörde stuft die verbleibende Restwassermenge als zu gering ein. Von dem Fall weiß jedenfalls die Passauer Neue Presse zu berichten.

STATUS QUO Seit dem Erlass fließt rund anderthalb Dekaden lang das Wasser ungebremst den Rothbach hinab. Indes zeigt sich die Beziehung zwischen Eigner und Behörden als verfahren, um es vorsichtig zu formulieren. Bei unserem Besuch prangert ein Transparent die behördliche Auffassung am »LRA« (Landratsamt) an, dass es sich um einen Schwarzbau handle. Auf alle Fälle übernahmen die Juristen das Sagen. Indes ruht das Projekt. Den Rothbach kümmert es wenig. Er mündet so oder so stromabwärts in den Schwarzen Regen. Die Mühle präsentiert sich einstweilen den Wanderern, die des Weges kommen, zwischen moosbewachsenen Felsen als eigentümliches Idyll am Waldrand. Ihr Zustand verschlechtert sich zusehends.

AM HANG Noch vor dem Mühlen-Ensemble erwarten ein in die Leite hineingehauener Keller sowie ein weiteres unbewohntes Haus direkt neben der Zufahrt. Auch dort bröckelt der Putz von der Hauswand. Der vorsichtige Blick durch eins der durchweg intakten Fenster verrät, wie sich Staub über den alten Ofen und die Couch legt. Die Tapete an der Wand wirkt retro, also fast schon wieder modern.

Das besondere Erlebnis

An eine todtraurige Begebenheit erinnert ein Marterl. Es steht 8 km von der Böbrachmühle entfernt bei Patersdorf am Parkplatz an der B85 nur einen Steinwurf nordwestlich des großen Bundesstraßen-Kreisverkehrs (GPS: 49.014728, 12.980913; nicht mit kleinem Staatsstraßen-Kreisverkehr verwechseln). Unter dem Kreuz mit Corpus Christi blickt ein Engel mit geschlossenen Augen flehentlich gen Himmel. Auf einer kleinen Holztafel heißt es zum Andenken: »Am 8.11.1986 wurde an dieser Stelle Fräulein Annette im Alter von 17 Jahren brutal ermordet.« Angesichts der lärmenden Straße wirkt das zarte Monument des Erinnerns verloren. Darüber hinaus lässt sich im Hintergrund, in Fahrtrichtung Grünbach, eine Brandruine ausmachen. Wie schnell passiert doch ein Unglück, wenn es das Schicksal nicht gut mit einem meint? Sage und schreibe 15 Jahre lang blieb der Mörder unentdeckt. Dann war die Kriminaltechnik so weit, mithilfe der Gott sei Dank aufbewahrten DNA bei einem Reihentest endlich den Täter zu ermitteln sowie zu einem gerechten Urteil zu kommen. Möge die liebe Seele der Verstorbenen dadurch ein wenig Ruhe gefunden haben.

Dieser löchrige Steg ermöglichte einst den Zugang zur altehrwürdigen Böbrachmühle.

13

LEERSTAND OHNE INVESTOR

Tristes Sporthotel Brennes unter dem Großen Arber

Der Blick zum Großen Arber hinüber verrät: Hier wird sommers wie winters gesportelt. Doch wo einst Aktive auf dem Brennessattel ein lauschiges Quartier bezogen, zeigen sich heute die videoüberwachten Pforten von Sporthotel und Berggasthof verschlossen.

Brennes, Landkreis Regen, Niederbayern **Ort/Place** Sporthotel, Brennesstraße 1, 94252 Bayerisch Eisenstein **GPS** 49.134242, 13.145026 **Anfahrt** Zum Brennes von Bayerisch Eisenstein oder aus der Arberregion in Richtung Lamer Winkel und Furth oder eben andersrum

Auf der verwaisten Restaurant-Terrasse gedeihen zwischen Kies und Pflastersteinen die Samen angeflogener Gräser.

EMPFANG Der Kontrast könnte kaum größer sein: Während an der nahen Kreuzung der Verkehr aus dem Lamer Winkel, vom Großen Arber und aus Bayerisch Eisenstein vorbeirauscht oder Urlauber den großflächigen Sattel-Parkplatz ansteuern, herrscht vor und im Hotel gespenstische Ruhe. Zwar übersehen Eilige den Leerstand, doch der detektivische Blick erkennt untrügliche Indizien wie den verwaisten Parkplatz. Dabei wirkt das Gebäude mit seinen Wänden aus traditionell anmutenden Holzschindeln durchaus schmuck.

RUND UMS HOTEL Während sich am Eingangsschild Spinnen ansiedeln, bleiben beim »Durchgang Lokal« die Rollos herabgelassen. Ebenso verschlossen präsentiert sich die Terrasse, auf der neben einem einsamen Plastikstuhl lange Gräser zwischen den Pflastersteinen herauswachsen. Sicher gibt es keinen anderen Ort mit schönerem Blick auf das Ski- und Ausflugsgebiet am Arber. Dasselbe gilt für den Speisesaal hinter den verschlossenen Panoramafenstern. Der Schaukasten der Brauerei Osser für Speisekarten unterbreitet jedoch keinerlei Angebote. Indes beginnt das ungeschützte Holz an den Wänden der sonnigen Südseite zu wellen.

INNERE VERFASSUNG Beim vorsichtigen Blick durchs intakte Fenster grüßt ein naives Gemälde an der Wand, welches der Holzarbeit in Kötzting und Viechtach huldigt. Die vorhandenen Tische und Bänke zeigen sich im 90-Grad-Winkel im Stil der siebziger Jahre renoviert. Auf den Tischplatten bereitgestellte Bierdeckel scheinen auf den nächsten durstigen Kunden zu warten. Während sich Staub über das Interieur legt, zieht draußen das Blechdach des Gebäudes Flugrost an. Trotz alledem wirkt das Sporthotel auf den ersten Blick, als ob der oberbayerische Eigner durchaus einen neuen Pächter finden könnte. Schließlich wird es erst seit wenigen Jahren nicht mehr bewirtschaftet. Ohne tatkräftigen Investor wird das gleichwohl vermutlich nichts.

Die Fassade beginnt zu bröckeln beim geschlossenen Sporthotel Brennes.

Das besondere Erlebnis

Nur 2,5 km in Richtung Lam/Furth passieren wir die Hindenburgkanzel. Beim Bau der Straße im Jahr 1932 stellte sich dieser hartnäckige Riegel in den Weg. So zog man die Trasse um den Fels herum und benannte die darauf entstehende Plattform nach dem damaligen Reichskanzler. Kurz vor Ende des Zweiten Weltkriegs sprengte Hitlers SS die Kanzel, um die anrückenden Amerikaner aufzuhalten, was bekanntlich scheiterte. Wieder hergerichtet, dient der Fels unter dem alten Namen erneut als Aussichtspunkt mit Blick vom Arber links über den Hohenbogen bis zum nahen Zwercheck rechts.

Marode Fabrik: Auf der von der Dorfstraße abgewandten Seite offenbart sich das ganze Ausmaß des Verfalls.

14

ZERBROCHENE TRÄUME

Die marode Glasfabrik in Regenhütte

Einst glänzte der Bayerwald beim Herstellen von hochwertigem Glas. Heute sind viele Betriebe nur noch ein Schatten ihrer selbst. So dümpelt seit 1986 mitten in Regenhütte die Glasfabrik vor sich hin. Was Einheimische als Schandfleck brandmarken, zieht alle magisch an, die alte Gemäuer mögen.

Regenhütte, Landkreis Regen, Niederbayern **Ort/Place** Alte Glashütte, Dorfstraße 6, 94252 Bayerisch Eisenstein **GPS** 49.077660, 13.206239 **Anfahrt** Aus Norden, Osten und Süden via B11, aus westlicher Richtung beim Großen Arbersee hinab

EIN VERZWICKTER FALL Seit Jahrzehnten beklagen Nachbarn, dass die ehemalige örtliche Glashütte immer mehr zur Ruine verkomme und ein Sicherheitsrisiko darstelle. Nachdem die letzte Betreiber-Firma Insolvenz anmelden musste, befinden sich die Besitzverhältnisse allerdings in einer Grauzone. »Das Gebäude ist in gewisser Weise herrenlos, es gibt aktuell keinen Eigentümer mehr«, bestätigte das zuständige Landratsamt Regen auf Anfrage der Passauer Neuen Presse (Bayerwald-Bote) bereits im Jahr 2018. Indes scheint der Verkauf an einen privaten Investor aufgrund des desolaten Zustands der Immobilie fragwürdig.

SCHLECHTE NACHRICHTEN Stück für Stück verfällt der mächtige Komplex im Herzen von Regenhütte. Aus Sicherheitsgründen ließen die Behörden den Zugang durch Bauzäune versperren. Zudem verhängte die Gemeinde ein Betretungsverbot. Gut erkennen lässt sich für jeden, der in die Dorfstraße kommt, zwar immer noch die Aufschrift »Regenhütte« auf dem alten Hauptgebäude. Doch daneben lösen sich Schalungsbretter und Regenrinnen. Und an feuchten Stellen rund um das Gebäude macht sich das Indische Springkraut breit. Gräser und Sträucher überwuchern die Treppen zum ehemaligen Verkaufsraum. Der alte Briefkasten mit dem Horn scheint weiter auf einen Postboten zu warten, welcher eine gute Nachricht überbringt.

ZUNEHMENDER VERFALL Das ganze Ausmaß des Niedergangs zeigt sich auf der hinteren Seite der mächtigen Glashütte. Während das Blechdach am Hauptgebäude weitgehend standhält, drohte beim nordwestlichen Anbau der Dachstuhl komplett einzustürzen. Aus diesem Grund fraß sich im Frühjahr 2020 auf Anordnung des zuständigen Landratsamts der Abrissbagger

↓ Briefe und Zeitungen werden am Eingang schon lange nicht mehr zugestellt.

↘ Der Weg hinauf zum ehemaligen Verkaufsraum endet derzeit im Dickicht.

↑ Was für ein Kontrast: altes Pförtnerhäuschen gegenüber dem neuen Hüttendorf

↗ An einigen Stellen mutet die alte Glasfabrik wie eine Müllhalde an.

durch diesen Teil des einstigen Handwerksbetriebs. Der große Rest blieb stehen. Kurzum: Vom früheren Glanz der Glashütte Regenhütte ist nicht mehr viel zu sehen. Die Natur gewinnt an Land. Im Mai 2021 gab es rund um die ehemaligen Glaswelten sogar einen Mauereinsturz zu vermelden.

ZU DEN URSPRÜNGEN Seit dem Mittelalter beherrschen Handwerker die Kunst, aus natürlichen Ressourcen formschönes Glas herzustellen und zu veredeln. Nicht umsonst bürgerte sich für diese Erzeugnisse der Ausdruck »Gold des Bayerwalds« ein. Eine Vorlage für leuchtend grünes Glas erhielt der Bläser Hans Kroiß einer Sage nach von der legendären Kristallfee am Ufer des versteckten Höhlensees. Neben dem Grundstoff Quarzsand lieferte der dichte Baumbestand im Hinteren Bayerwald das Holz für die Pottasche sowie für das Befeuern der Glasöfen. Anstelle der Pottasche, welche den Schmelzpunkt herabsetzt, kommt mittlerweile Soda zum Einsatz. Zusätzlich braucht es als Härtungsmittel Kalk bzw. bei Bleikristallen das Bleioxid Mennige.

GESTERN UND HEUTE Während die mittelalterlichen Wanderhütten früher einfach weiterzogen, wenn das Holz ringsherum geschlagen war, blieben die ausgereifteren Werkstätten fest an einem Ort. Namen wie Regenhütte zeugen genau davon. Die »Kleine Geschichte Niederbayerns« (Pustet-Verlag) geht davon aus, dass noch zwischen den beiden Weltkriegen in den sieben Glashütten des Bayerischen Waldes über 1700 Arbeiter beschäftigt waren. Angesichts globalisierter Märkte gerieten die Hersteller im Bayerischen Wald in den letzten Jahrzehnten aber zunehmend unter Druck. Auch wenn heutzutage Event-Hütten erfolgreich neue Wege beschreiten – eine ganze Reihe traditioneller Hersteller musste für immer ihre Pforten schließen, darunter die Glashütte Regenhütte.

Verschiedentlich tritt am Gebäude das nackte Mauerwerk zutage.

Kein Zufall: Das rosafarbene Indische Springkraut mag es feucht.

ZENTRALER KONTRAST Während das stillgelegte Glaswerk dahinsiecht, empfangen daneben zwei umtriebige Einkehrstationen ihre Gäste. Zum einen eröffnete erst im Jahr 2022 auf der vom Fabrik-Hauptgebäude aus gesehen anderen Straßenseite das »Hüttendorf 49 gradnord« samt Restaurant und Dorfladen auf dem Gelände des ehemaligen Gasthofs Sperl. Seitlich, auf der Rückseite der Ruine in Richtung Arberseestraße, lockt Juditas Café-Restaurant. Da sich das ruinöse Glashütten-Gebäude im Ortskern befindet, bleibt der Druck der Einwohner auf die Behörden bestehen, sich der schwierigen Immobilie anzunehmen und eine Lösung zu suchen. Folglich könnte sich einerseits in absehbarer Zeit auf dem Gelände der einstigen Glashütte etwas tun. Andererseits bringt ein derart maroder Komplex enorme Abrisskosten mit sich, welche ohne vernünftige Folgenutzung nicht leicht zu rechtfertigen wären. Den Fans alter Gemäuer kann dieses »Gleichgewicht des Schreckens« einstweilen nur recht sein.

15

DIE GEISTERKIRCHE

Zugabe im Hügelland: St. Veit in Thomasbach

Dieses Gotteshaus liegt genau genommen nicht mehr im Bayerwald, ist aber zu spannend, um links liegen gelassen zu werden. Einst pilgerten die Gläubigen in Scharen hierher. Heute empfängt uns die Geisterkirche als denkwürdiger Ort der Einkehr, in Sichtweite auch noch ein verlassener Hof (Ort Nr. 16).

Thomasbach, Landkreis Dingolfing-Landau, Niederbayern **Ort/Place** Thomaskirche, 94428 Eichendorf **GPS** 48.644288, 12.764259 **Anfahrt** Von Deggendorf/A92 via Ausfahrt »Wallersdorf West« nach Süden, in Zeholfing über die Isar, dann Hofmarkstraße folgen, in Schlüpfing Richtung Exing; alternative Anfahrt aus Südosten westlich von Eichendorf nördlich der Vils von Exing Richtung Kammern

Kaum zu glauben: Versteckt zwischen Feldern, Wiesen und Wäldern empfängt dieses verlassene Gotteshaus.

↑ Achtung: Lange Zeit offen, soll die Tür laut neueren Plänen abgeriegelt werden.
↗ Auf der Empore drohen Risse die Statik des Bauwerks zu beeinträchtigen.

PILGERFAHRT Im Hügelland, zwischen den Anwesen in Schlüpfing (0,5 km) und dem Dorf Exing (1,3 km), zweigt eine Schotterstraße ab. Bereits vor deren Ende gut 300 Meter weiter lässt sich hinter dem Feld am Waldrand das verlassene Gotteshaus ausmachen. Immer noch stolz ragt der Turm am westlichen Ende der Kirche in den Himmel. Ohnehin lässt sich aus der Ferne der schlechte äußere wie innere Zustand des Gebäudes nur erahnen. Von der kleinen Kreuzung erreichen wir nach wenigen Metern den andächtigen Lost Place. Unser Trampelpfad führt zuletzt durch hohes Gras, sodass im Morgentau das Beinkleid rund um die Waden feucht zu werden droht. In leicht erhöhter, wahrscheinlich einst aufgeschütteter Lage empfängt die gerne so genannte Geisterkirche. Das beeindruckende Idyll trübt seit 2022 lediglich ein Neubau in rund 350 Metern Abstand auf der südlichen Kammlage.

GOTTESHAUS Unter dem schmutzig-weißen Putz der Außenmauer tritt der Ziegel hervor. Die sieben Fenster zeigen sich vergittert. Ihre Rundbögen verraten, dass es sich im Kern um eine romanische Saalkirche handelt. Im Laufe der Zeit erhielt diese ein gotisches Netzgewölbe. Die wuchtige, vollgeschmierte Holztüre am Haupteingang scheint ein Spiel des Windes zu sein und steht bei unserer Recherche sperrangelweit offen. Drinnen, unter der Empore, befindet sich eine einzelne, verloren wirkende Kirchenbank. Der Holzbalkon trägt zwar noch. Das oben äußerst notdürftig ausgebesserte Gewölbe deutet darauf hin, dass es hier massive statische Probleme gibt. Ein in die Holzkonstruktion hineingebautes Vogelnest bringt ein wenig Leben in die Bude. Ansonsten ist das Gotteshaus schon lange leergeräumt. Im Altarraum hält der gemauerte Sockel stand, der beim Gottesdienst einst in der Mitte thronte. Notdürftig stützt ein Baumstamm den dortigen Bogen. Nicht nur hier weist das Netzgewölbe deutliche Risse auf. An den nackten Innenwänden kommt eine Reihe von Ziegelsteinen zum Vorschein. Sakrale Malereien lassen sich höchstens erahnen. Der Boden wirkt an vielen Stellen aufgebrochen. Draußen vor der Tür zeigt sich der separate Eingang zum Turm verrammelt – und das ist auch gut so, denn niemand sollte gefährliche Experimente wagen.

HINTERGRÜNDE Im Prinzip steht das Bauwerk unter Denkmalschutz. Und das aus gutem Grund. Schließlich reichen die Ursprünge der Kirche ins Mittelalter zurück. Geweiht ist das Gotteshaus dem Heiligen Veit, auf Latein Vitus. Folglich pilgerten an dessen Namenstag, dem 15. Juni, einst besonders viele Gläubige hierher. Gegen Ende des Mittelalters erreichte das Gotteshaus eine Blüte, mutmaßt die Passauer Neue Presse im Oktober 2020. In der Tat soll die Kirche zu dieser Zeit zu den reichsten im Umkreis gezählt haben. Das sieht heute ganz anders aus.

BEGEGNUNGEN Im Zusammenhang mit dem Kloster Niederaltaich wird bereits Mitte des 12. Jahrhundert der Ortsname »Tagmarspach« bestätigt. Später taucht der Name »Tamersbach« auf. Schließlich steht »Dammerl« im Bairischen für Thomas. Darüber hinaus heißt es, dass es hier bereits im Spätmittelalter ein Kloster sowie noch Jahrhunderte später einen Friedhof gegeben haben soll. Im 17. Jahrhundert kam es nachweislich zu einer weiteren Blüte von Dorf und Kirche mit urkundlich festgehaltenen Taufen und Hochzeiten. Gegen Ende des 19. Jahrhunderts werden sogar drei Zeitpunkte genannt, an denen jeweils die letzten Renovierungsarbeiten durchgeführt worden sein sollen. Was wiederum die Lage betrifft: Niemand kann genau rekonstruieren, warum die Kirche genau an diesem Ort mitten in freier Natur steht.

↓ Der separate Eingang zum Turm zeigt sich schon länger verschlossen.
↘ In der leergeräumten Kirche harrt der gemauerte Sockel im Altarraum aus.

Andächtig ruht die aus Holz gefertigte Empore unter dem zunehmend porösen Netzgewölbe.

Behelfsmäßig stützt ein Baumstamm den Bogen vor dem Altarraum.

ABGESANG Der Niedergang des einst schmucken Gotteshauses zieht sich wohl bereits über 100 Jahre hin. Schließlich soll hier bereits kurz vor Ausbruch des Ersten Weltkriegs der letzte reguläre Gottesdienst gefeiert worden sein. Eine Theorie besagt, dass das Gotteshaus als Eigenkirche eines wohlhabenden Adeligen errichtet worden sein könnte. Eine andere geht davon aus, dass St. Veit auf den wohlhabenden Thomasbeckbauern zurückgeht. So soll der dazugehörige Dreiseithof bis 1830 neben der Kirche gestanden haben. Auf alle Fälle döst heute schräg hinter dem Gotteshaus, auf der anderen Seite des kleinen Grabens, ein weiteres verlassenes Gebäude vor sich hin, welches wir im folgenden Kapitel umrunden.

Schräges Idyll: Am verlassenen Bauernhaus nagt bereits seit Jahrzehnten der Zahn der Zeit.

16

DER VERFALLENE HOF

Zugabe im Hügelland: Kleinbauernhaus Thomasbach

Hinter der Geisterkirche Thomasbach (Ort Nr. 15) erwartet in Sichtweite am Waldrand noch ein Lost Place: der Thomashof. Was aus der Ferne wie ein Idyll aussieht, vermittelt aus der Nähe morbiden Charme und sichtbare Zeichen des andauernden Verfalls.

Thomasbach, Landkreis Dingolfing-Landau, Niederbayern
Ort/Place Kleinbauernhaus/Thomashof, 94428 Eichendorf **GPS** 48.643714, 12.762385
Anfahrt Von Deggendorf/A92 via Ausfahrt »Wallersdorf West« nach Süden, in Zeholfing über die Isar, dann Hofmarkstraße folgen, in Schlüpfing Richtung Exing; alternative Anfahrt aus Südosten westlich von Eichendorf nördlich der Vils von Exing Richtung Kammern

EINFINDEN Im Hügelland, zwischen den Anwesen in Schlüpfing (0,5 km) und dem Dorf Exing (1,3 km), zweigt eine Schotterstraße ab. Bereits vor deren Ende gut 300 Meter weiter lässt sich hinter dem Feld am Waldrand die Thomaskirche ausmachen. Schräg dahinter, keine 200 Meter Luftlinie von St. Veit entfernt, döst auf der anderen Seite des kleinen Grabens der Thomashof vor sich hin. Von der kleinen Kreuzung erreichen wir am Gotteshaus vorbei auf einem Trampelpfad das verlassene Anwesen. Bauernhof und Kirche bilden zusammen ein wahrlich denkwürdiges Ensemble.

AM SCHUPPEN VORBEI Durch hohes Gras erreichen wir den Hof. Rechter Hand stehen zwischen wild wachsenden Himbeeren und einem alten Apfelbaum die Reste des baufälligen Schuppens, in dem sich Gestrüpp mächtig breitmacht. Das Ziegeldach bestreitet seinen letzten Kampf und kann ihn nicht gewinnen. Die tragenden Balken biegen sich bereits gefährlich durch. Weiter in Richtung Wohngebäude begleiten uns hohe Brennnesseln. Aufmerksame entdecken, dass das Ziegeldach des Hauses zur vorderen Seite hin ein deutliches Loch aufweist. Da hier Regenwasser ungehindert eindringt, wird selbst schweres Holz modrig, was sich natürlich auf den darunterliegenden Gebäudeteil massiv auswirkt. Daneben zeigt sich der Kamin, aus dem schon lange kein Rauch mehr quillt, nicht minder brüchig. Der Dachvorstand sieht kaum besser aus. An dieser Ecke droht Einsturzgefahr. Dem Moos, das sich über den beiden Stockwerken auf den Dachziegeln geduldig festsetzt, macht das natürlich nichts aus.

RUND UM DEN BAUERNHOF Der vordere Teil entspricht auf den ersten Blick einem schönen, traditionellen Holzhaus. In den

↓ Fehlt der Dachüberstand wie an dieser Stelle, verheißt das nichts Gutes.

↘ Eine zugige Angelegenheit: zweiflügelige Fenster ganz ohne Glas

Nicht dicht: offenes Loch im Ziegeldach überm geschlossenen Fensterladen

Fenstern befindet sich kein Glas mehr. Die teils noch vorhandenen, rot gestrichenen Fensterläden stehen teils sperrangelweit offen. Beim Blick von draußen hinein lassen sich eine schäbige Feuerstelle und ein vergammelter Holzofen ausmachen. Die Raumhöhe ist niedrig. Der Putz blättert von den Wänden und legt Holz frei, aber auch Ziegel. Das Fundament im hinteren Teil des Hofes trägt nämlich eine Mauer und scheint später hinzugekommen zu sein. In der Tat wirkt der dortige Raum wie ein Anbau und reicht ohne Decke bis direkt unters poröse Ziegeldach. Womöglich diente dieser Gebäudeteil eine Zeitlang als Wohnzimmer. Auf alle Fälle befinden sich darin eine alte Feuerstelle mit separatem Kamin, ein klappriger Tisch und eine ebensolche Bank. Die Gemütlichkeit, die hier bei knisterndem Holz wohl einst herrschte, kann man sich mit viel Fantasie ausmalen. Einen

↓ Brachliegender Kamin im hinteren Teil des Gebäudes, einem gemauerten Anbau

↘ Auch an dieser Stelle knistert an kalten Tagen schon ewig kein Feuer mehr.

Windig: Die meisten Fenster des verlassenen Thomashofs stehen sperrangelweit offen.

Stall gibt es auf dem ersten Blick nicht zu sehen. Zwischen dem vorderen und dem hinteren Gebäudeteil könnten dennoch ein paar Stück Vieh Platz gefunden haben.

SEIT DEKADEN VERLASSEN Die Passauer Neue Presse teilt in einem Hintergrundbericht im Jahr 2020 mit, dass das Bauernhaus wohl bis vor 70 Jahren bewohnt war, also bis kurz in die Nachkriegszeit hinein. Danach diente die Hofstelle dieser journalistischen Quelle zufolge eine Zeitlang als Jagdhaus. In der Tat würde das hintere Zimmer gut zu dieser Annahme passen. In der Zeit ohne ständige Bewohner suchten Berichten zufolge Einbrecher mehrmals das Gebäude heim. Die letzten Dinge von Wert verschwanden wohl schon vor vielen Jahren. Doch bis heute scheint das niemanden zu kümmern, ebenso nicht der Zustand des gesamten Ensembles. Wie auch bei der nahen Kirche nagt der Zahn der Zeit unerbittlich und droht sein zerstörerisches Werk in nicht allzu ferner Zukunft zu vollenden.

EIN GANZES DORF? Aufgrund der ungewöhnlichen Lage der durchaus stolzen Kirche mitten in der Landschaft geht eine Reihe von Experten davon aus, dass Thomasbach einst aus mehreren Höfen bestand. Was es mit dem Thomasbeckbauern auf sich haben könnte, steht bereits beim vorausgegangenen Ziel zur Geisterkirche vermerkt. Unterm Strich gibt es, wie es scheint, hier für richtige Spürnasen wohl noch mehr zu entdecken als das, was auf den ersten Blick ins Auge fällt.

17

VON SIEMENS VERLASSEN

Berühmtes Geisterhotel, abgefackelte Brandruine in Habischried

Der wohl bekannteste Lost Place im Bayerwald ist das Geisterhotel in Habischried. Jede Menge Ärger mit Vandalen führte dazu, dass Bauzäune das Gelände großräumig abriegeln, überwacht von der Polizei. Im Sommer 2022 brannte das Gebäude großenteils ab.

Habischried, Landkreis Regen, Niederbayern **Ort/Place** Geisterhotel, Siemensstraße 21, 94253 Bischofsmais **GPS** 48.942981, 13.046571 **Anfahrt** Via B11/B85 oder Ruselbergstrecke und Bischofsmais, am nördlichen Ortsausgang von Habischried in die Siemensstraße einbiegen

Momentaufnahme durch den Bauzaun: Vor dem Großbrand wirkt das Hotelgebäude großenteils intakt.

SIEMENS UND DER WALD Am Ende der nach dem ruhmreichen Unternehmen benannten Straße liegt ein Wanderparkplatz. Aus Richtung Süden grüßen Geißkopf und Einödriegel, direkt vor der Nase der Bauzaun hinter dem alten Schild »Charm Hotel-Resort und Spa«. Spitzfindige sehen auf dessen Rückseite das »Sandton Ressort« aufgedruckt. In der Tat erlebte das Objekt als Teil dieser holländischen Kette ab 2011 seine letzte Blütezeit. Als Charm-Hotel ging es pleite. Ursprünglich eröffnete das mächtige Quartier 1974 als Siemens-Kurheim. Bis zu 180 Gäste beherbergte der Betrieb. Am Ende der 30-jährigen Pachtzeit, so heißt es, zog der Betreiber einen Schlussstrich. Es folgten rasche Eigentümerwechsel und schrittweiser Niedergang.

FRAGE DER PERSPEKTIVE Von oben betrachtet erinnert der Hotel-Grundriss an ein organisch geformtes Hufeisen. Auf alle Fälle verzichtete die Architektur darauf – anders als sonst in den siebziger Jahren – sich in die Höhe zu recken. Vielmehr passte sich das Gebäude der Landschaft an, wenn auch als eigenwilliges Beton-Konstrukt. Die unzähligen Außenwände, teils hohe Räume oder der riesige Pool entstammen einer Zeit mit billigem Heizöl, in der sich niemand um Energieeffizienz scherte. Die dadurch auflaufenden Kosten waren zuletzt wohl nicht mehr zu stemmen.

SCHLIESSUNG Im Jahr 2016 erlosch an der Rezeption das Licht. Zu diesem Zeitpunkt

Seit dem Großfeuer im Sommer 2022 lässt sich die Brandruine aus sicherer Entfernung deutlich ausmachen.

befand sich das Haus in einem ansprechenden Zustand. Stück für Stück änderte sich das dramatisch. Den Grund hierfür nennt eine der zahlreichen, ähnlich lautenden Meldungen der Passauer Neuen Presse. Etwa im Frühjahr 2022 heißt es: »Erneut sind in der Nacht mehrere Personen in das ehemalige Charm-Hotel in Habischried eingedrungen.« Und: »Nach Hinweisen von Anwohnern entdeckte die Polizei in dem leerstehenden Komplex acht Männer und eine Frau. Gegen die Gruppe wurde ein Strafverfahren eingeleitet.«

BRAND Noch schlimmer kam es im Sommer 2022. In der Nacht auf den 24. Juli wurde Alarm ausgelöst. 450 Feuerwehrleute rückten aus, um den entstandenen Großbrand zu bekämpfen. Selbst zwei Tage später loderten Glutnester auf. Da der Strom abgestellt war, halten Experten einen Kurzschluss als Brandursache für unwahrscheinlich. Interessante Indizien: Der Brand brach in der Nacht von Samstag auf Sonntag aus. Und kurz danach hätte das Objekt versteigert werden sollen. Nach dem Inferno zeigte sich die Zufahrt bereits vor dem Wanderparkplatz gesperrt. Beim Blick auf den vorderen Trakt sieht das Holzschindeldach zwar immer noch intakt aus. Der hintere mutet selbst aus sicherer Entfernung wie eine traurige Brandruine an.

KEINE ZUKUNFT Bei diesem Objekt belassen es Spürnasen besser bei Blicken durch den Sperrzaun, um keine Anzeige wegen Hausfriedensbruchs zu riskieren. Alternativ ermöglichen gängige Internet-Plattformen, sich einen Eindruck zu verschaffen – einfach nach »Geisterhotel Habischried« suchen. Neben aussagekräftigen Impressionen dokumentieren die von »Explorern« erstellten Filme, wie sehr ungebetene Gäste wüteten. Mutwillig zerstörtes Geschirr oder der zugemüllte Pool zeugen davon. Unterm Strich bleibt ein in Beton gegossenes, von allen guten Geistern verlassenes Gebäude, das sich von einer Goldgrube zum Schandfleck verwandelt.

Das Holzschindeldach sowie der ganze Grundriss des Gebäudes fielen schon immer durch die eigenwillige Optik auf.

Herber Charme: Auf der Hochebene zwischen Geißkopf und Breitenauriegel (im Hintergrund) empfängt Oberbreitenau.

18

DIE TOTE WÜSTUNG LEBT

Das verfallene Bergdorf Oberbreitenau

Im Bayerischen Wald findet sich eine Reihe verlassener Bergdörfer, sogenannte Wüstungen. Eine davon liegt auf der Hochebene zwischen Breitenauriegel und Geißkopf und vegetiert seit rund 70 Jahren vor sich hin. Wer die Fundamente der Häuser von Oberbreitenau aufspürt, macht Vergangenes lebendig.

Oberbreitenau, Landkreis Regen, Niederbayern **Ort/Place** Wüstung Oberbreitenau, 94253 Bischofsmais **GPS** 48.915409, 13.032917 **Anfahrt** Nur zu Fuß zu erreichen, kürzester Anmarsch via Geißkopfbahn (Talstation zwischen Bischofsmais und Habischried in Unterbreitenau); vom Gipfel einfache Strecke rund 20 Gehminuten

Wandermarkierungen beim bewirtschafteten Landshuter Haus auf 1018 Meter Höhe

DER ANMARSCH Eine Reihe von Wanderwegen führt nach Oberbreitenau, darunter der Fernwanderweg (grüner Pfeil) vom Ruselabsatz via Breitenauer Riegel (einfache Strecke bis zu 2 Stunden Gehzeit) oder der Aufstieg ab Hermannsried bei Bischofsmais (erst Nr. 13, dann Nr. 12 in Pfeilrichtung Oberbreitenau; einfache Strecke knapp 1,5 Stunden). Am flottesten erreicht die Wüstung, wer von Unterbreitenau mit der Geißkopfbahn auf den Gipfel fährt (Berg- und Talfahrt 10 Euro; Aktuelles unter https://geisskopf.de). Von dort führen zwei ausgeschilderte Wanderwege nach Oberbreitenau (Landshuter Haus). Genau genommen beschreiten wir in diesem Fall bereits beim Anmarsch durch den Bergwald das Gebiet der verlassenen Streusiedlung. Es rentiert sich, die Augen offen zu halten.

DIE HÄUSERZEILE Es lohnt, sich vom Landshuter Haus 250 Meter in Richtung Westen (u. a. in Pfeilrichtung Ruselabsatz) zu orientieren. In diesem Bereich gibt es nämlich südlich der Forststraße hintereinander die Fundamente von drei verlassenen Höfen zu entdecken. Als Erstes statten wir dem alten Hol(z)bauern einen Besuch ab. Wie die Struktur eines Labyrinths ragen die Mauerreste aus dem Erdreich. Es folgt das verlassene Anwesen, das ursprünglich die Familie Knogl bewohnte, später Familie Saller. Ruine Nummer drei wird Familie Pledl zugeschrieben, auch als »beim Fluß« bekannt. Alle alten Mauern ragen nur bis zu einem Meter empor, eingewachsen von rosaroten Weidenröschen. In Richtung Süden arbeitet der Naturschutz daran, das ehemalige Hochmoor wiederherzustellen. Vernässt werden soll, was die Bergbauern einst trockenlegten.

KRAUT UND RÜBEN Oberbreitenau blickt auf eine lange Geschichte zurück. Das Besiedeln begann bereits im Jahr 1585. Mit harter körperlicher Arbeit rangen die Bergbauern in dem höchstgelegenen Dorf im Vorderen Bayerischen Wald 350 Jahre lang dem Boden mehr schlecht als recht Hafer, Kartoffeln, Kraut und Rüben ab. Dazu hielten sie wohl zwei Handvoll Vieh auf der gemeindlichen Weidefläche. Vor gut 200 Jahren zählte Oberbreitenau immerhin zwölf Häuser und rund 80 Einwohner. Reich waren die Familien aber ganz sicher nicht.

HARTES BROT »Nei (neun) Monat' Winter, drei Monat' koid, des is da Woid.« Mit diesen Worten beschrieben die Einheimischen lange Zeit das raue Wetter in ihrer Heimat. Gut ausmalen lässt sich auf dieser Basis, wie schwierig es war, in Oberbreitenau auf 1018 Metern Höhe einträgliche Landwirtschaft zu betreiben. Während es bis in den Mai hinein dauern konnte, dass der Schnee schmolz, verhagelten nach einem kurzen Sommer wiederholte Wintereinbrüche im Oktober eine vernünftige Ernte auf den kargen und feuchten Böden. So stieß der Freistaat Bayern auf wenig Widerstand, als er 1925 begann, die Bergbauernhöfe aufzukaufen. Nach dem Tod der Six(t)in, Berta Maier, im Jahr 1956 kam die Landwirtschaft vollständig zum Erliegen. Ihre alte Hofstelle liegt gut 500 Meter vom heutigen Landshuter Haus entfernt. Darüber hinaus holte sich der Wald Stück für Stück Gebiete zurück bzw. es wurde gezielt aufgeforstet. In den neunziger Jahren des letzten Jahrhunderts legte die Gemeinde Bischofsmais vier zugewucherte Ruinen frei, darunter die drei beschriebenen. So

Die Ruinen der einstigen Bergbauernhöfe ragen immerhin bis zu etwa einem Meter in die Höhe.

Auf den kümmerlichen Mauerresten wirken die rosaroten Weidenröschen wie Grabpflanzen.

können Neugierige heute ihre Überreste ohne lange Suche unter die Lupe nehmen, während es für das Aufspüren der anderen verfallenen Anwesen detektivisches Gespür braucht. Die Schautafel auf der Terrasse beim Landshuter Haus erweist sich bei diesem Vorhaben als hilfreich.

LANDSHUTER HAUS Das bewirtschaftete und bei Wanderern wie Bikern beliebte Landshuter Haus (Montag Ruhetag) stört natürlich die besinnliche Stimmung, welche die Wüstung sonst umgibt. Allerdings gehört sein Vorgängerbau, der Greil-Hof, zur alten Siedlung Oberbreitenau. Leider Gottes brannte dieses Anwesen im Jahr 1965 bis auf die Grundmauern ab. Über der Tür von der Theke zur Küche der heutigen Einkehrstation hängt ein Bild des mächtigen wie urigen Bauernhauses. Das Schwarz-Weiß-Foto neben dem Eingang zur Stube zeigt, was davon übrig blieb. Den folgenden Wiederaufbau sowie den erweiterten Neubau von 1999 hielt der Bayerische Wald-Verein im sachlichen Stil, wodurch sich das nüchterne Aussehen des jetzigen Gebäudes erklärt. Der herbe Charme auch dieser einstigen Behausung bleibt unwiederbringlich verloren.

WEITERE WÜSTUNGEN Ähnliche Geschichten erzählen mehr verlassene Bergbauerndörfer im Bayerischen Wald. Dazu gehört rund um den 1166 Meter hohen Haidel zwischen Grainet und Bischofsreut die Wüstung Schwendreut, von Einheimischen einst Glosan genannt. Dasselbe gilt für Leopoldsreut respektive Sandhaisan mit der seinerzeit höchstgelegenen Schule Deutschlands. In beiden verlassenen Dörfern zeigen sich bis heute die Gotteshäuser gepflegt.

19

DER ZAUBERBERG

Ehemaliges Sanatorium und Sport-Hotel auf der Rusel

Kaum größer kann der Kontrast sein: Während auf der einen Seite der Ruselbergstrecke schicke Clubmitglieder ihre Golfschläger schwingen, dümpelt auf der anderen der ausgediente Berghof vor sich hin. Dabei blickt der gewaltige, mit Graffiti besprühte Quader auf eine ruhmreiche Geschichte zurück.

Rusel, Landkreis Deggendorf, Niederbayern **Ort/Place** Berghof, Rusel 118, 94571 Schaufling **GPS** 48.876158, 13.082849 **Anfahrt** Via Ruselbergstrecke Deggendorf–Regen oder Schaufling, liegt 1 km östlich Ruselabsatz (Passhöhe) hinterm Hinweisschild zum Düllhof

Trübe Aussichten: Der lange Zeit stolze und mächtige Berghof Rusel dämmert heute vor sich hin.

DAS LUNGENSANATORIUM In Richtung Süden tut sich eine mächtige Hausfassade auf. Von den Balkonen der jeweils zehn Zimmer der beiden oberen Stockwerke winken die Äste von Laubbäumen herunter, deren angeflogene Samen sich erfolgreich festsetzen konnten. Versiffte Stufen führen auf die Terrasse des Hauptgebäudes. Einst genossen dort Patienten mit Lungenleiden, später Nervenkranke und zuletzt sportliche Hotelgäste die Sonne, die frische Luft und den Fernblick, der bei Föhnwetter bis in die Alpen reicht. Bei der anfänglichen Nutzung und der Örtlichkeit lässt man sich leicht dazu verführen, vom Zauberberg im Vorderen Bayerischen Wald zu sprechen. Schließlich spielt der gleichnamige Roman, für den Thomas Mann den Literatur-Nobelpreis erhielt, in einem Sanatorium für Tuberkulosekranke in Davos, freilich umrahmt von den dortigen Schweizer Alpen.

STARKE FRONT Heutige Berghof-Besucher genießen weniger die Aussicht, sondern achten besser darauf, auf der Terrasse nicht in Scherben zu treten. Erstaunt kann sich jeder darüber zeigen, wie die Natur schrittweise bebautes Terrain zurückerobert. Unter der Terrasse mit ihrem teils morschen Geländer sieht es allerdings zappenduster aus; dort wächst nichts. Auch wenn der Putz überall bröckelt: Das Gebäude reckt sich erstaunlich robust gen Himmel. Mit Sperrholzplatten verrammelt, kommen die Fenster im Erdgeschoss daher. Nach oben hin dominiert zerschlagenes Glas, eher von Vandalen eingeworfen als eingetreten. Um den Berghof herum führt eine Treppe mit eigentümlich geschwungenem Handlauf auf die zur Ruselbergstrecke hingewandte Seite. Das dortige Nebengebäude machte der Abrissbagger bereits dem Erdboden gleich.

IM WANDEL DER ZEIT Seit gut 200 Jahren führt die Straße von Deggendorf nach Regen über die Rusel. Die großartige Fernsicht be-

Neun Stufen führen auf die einstige Sonnenterrasse mit bestechender Aussicht.

eindruckte schon immer. Großer Schrecken: Anfang des 20. Jahrhunderts brannte es im damaligen Ruselwirtshaus der Familie Rechenmacher. Verschiedenen regionalen Quellen zufolge zeigte im Jahr 1921 Dr. Elisabeth Gilbert-Lichtwer Erbarmen und erstand das übrig gebliebene Gemäuer samt stattlichem Grund. Sogleich erweiterte die verwitwete Frauenärztin die Brandruine des Wirtshauses zu einem Erholungsheim für Lungenschwache mit 120 Betten. Ab 1930 wandelte die Medizinerin das Heim in ein Sanatorium für nervenkranke Frauen um. Um ihr Lebenswerk zu sichern, errichtete die tatkräftige Ärztin die Dr.-Elisabeth-Gilbert-Lichtwer-Stiftung. Ihr einziges Kind war früh verstorben, sodass sie ihr Eigentum an keine direkten eigenen Nachkommen vererben konnte. Im Jahr 1952 starb die Eignerin, welche ursprünglich aus Osnabrück stammt, in ihrer Einrichtung auf der Rusel.

TOD UND NIEDERGANG Wenige Jahre, nachdem Dr. Gilbert-Lichtwer das Zeitliche gesegnet hatte, ging das von ihr gegründete Sanatorium zugrunde. Eine neue, zugleich letzte Blüte erreichte das Gebäude im Jahr 1959 in Gestalt des Berggasthofs. Spätestens im neuen Jahrtausend ging es jedoch mit dem Geschäft deutlich bergab. Der Gastbetrieb endete wohl um das Jahr 2010. Nur kurzzeitig gastierte das Summer Mountain Festival auf dem verpachteten Areal. Bei alledem gehört das Gelände immer noch der Dr.-Elisabeth-Gilbert-Lichtwer-Stiftung, kurz Ruselstiftung genannt. Bei Druck des Buches befand sich der Berghof Rusel im Dornröschenschlaf. Nachträglich zugemauerte Türen wehren Eindringlinge ab.

WÜSTER »BILDERSTURM« Heute blitzen unter dem Putz am vielen Stellen die Ziegel hervor. Rundherum finden sich an der mitgenommenen Wand des Hauptgebäudes so genannte Tags, also Signaturen weniger großer und vieler kleiner Graffiti-Künstler. Einmal mehr glaubt offenbar jemand Folgendes: »A.C.A.B.«, also »all cops are bastards«, bzw. »1312« (entsprechend der Reihenfolge der Buchstaben im Alphabet). Dazu gesellen sich weitere kryptische Zahlenreihen, Fabelwesen oder das denkwürdige Statement: »Weiße Wände sind Tod.« Eine gesprühte Schönheit gehört schon wieder der Vergangenheit an. Vielmehr ins Auge stechen ein wilder Piratenpilz, ein lila Schmetterling, ein romantischer Wimpernschlag und altbekannte Zeichen obskuren Strebens nach Anarchie.

ALTES HOTEL, NEUES CAFÉ Immer noch angesteuert werden kann der großräumige Parkplatz oberhalb des Berghofs. Kurios und für müde Entdecker geeignet: An der Parkplatz-Kante lädt bei Druck des Buches bei gutem Sommerwetter am Wochenende das provisorische Bergcafé Floh ein, eine Container-Dependance eines trendigen Ladens in Deggendorf. Zwischen der mit Bauzäunen umrahmten Terrasse und dem Berghof entdecken Aufmerksame den Gedenkstein zu

Vom großflächigen Parkplatz aus lässt sich die Aufschrift »BERGHOF RUSEL« weiterhin erkennen.

Ehren von Dr. Elisabeth Gilbert-Lichtwer. »In dankbarer Erinnerung« weihte das Monument die von ihr gegründete Stiftung passenderweise an ihrem 50. Todestag ein, also am 23. Juli 2002. Doch wenn die Ärztin sähe, wie es mittlerweile auf 750 Höhe auf dem Bayerwald-Zauberberg aussieht, würde sie sich wahrscheinlich im Grab umdrehen.

ANFANG UND ENDE Zum Parkplatz grüßt weiterhin die saubere Aufschrift in Großbuchstaben: »BERGHOF RUSEL« von der Stirnseite des verlassenen Komplexes. Einst parkten hier Wintersportler bei Tagesausflügen. In der Tat schnallten sich die Gäste im zeitweiligen »Sport-Hotel Berghof Rusel« direkt vor der Tür die Bretter an. Nicht umsonst verfügte das Quartier über einen Skikeller. Schräg unterhalb lief ein Schlepplift, sinnigerweise Hotelhanglift genannt. Die weitere, noch längere T-Bügel-Aufstiegshilfe zum Hausstein befand sich dahinter versteckt im Wald, zudem ein Anfängerlift an der Stelle, wo heute der Deggendorfer Golfclub seine Mitglieder empfängt. Nachdem der letzte Pächter der Wintersport-Anlagen 2012/13 kündigte, fanden die zuständigen Arco-Betriebe keinen Nachfolger mehr, der ohne die Möglichkeit zum künstlichen Beschneien das unternehmerische Betriebsrisiko eingehen wollte. In schneereichen Wintern tummeln sich am Hang nur noch Rodler, hierzulande Schlittenfahrer genannt.

Der heute verwilderte Einstieg zum alten Hotelhanglift

Das besondere Erlebnis

Zwei deutlich sichtbare Überbleibsel des winterlichen Liftbetriebs auf der Rusel finden sich auf der Straße hinab in Pfeilrichtung Hengersberg/Schaufling. Das erste Lifthäuschen harrt der Dinge rund 250 m hinter der scharfen Rechtskurve in Sichtweite zur Straße. Das zweite versteckt sich 1 km hinter besagter Kurve auf Höhe der gut sichtbaren Garage mit der Aufschrift »Skilift Hausstein« im Wald. In der dortigen, ehemaligen Talstation machen es sich die Mitglieder der Road House Gang MC Bavarian auf ihre Art und Weise unterm Totenkopf-Emblem sporadisch im openhouse gemütlich. Indes verwildern die einstigen Schneisen der Lifte. Aus dem Tal, vom Lallinger Winkel aus, erkennen Aufmerksame immer noch die Trasse des Haussteinlifts.

In der heruntergekommenen Ruine mit der Hausnummer Neufang 14 vereinnahmen sich Natur und Architektur gegenseitig.

20

BAUMSTARKER BERGWALD AUF DEM VORMARSCH

Ruinen am Brotjacklriegel

Am Brotjacklriegel stehen vielerorts alte Mauern. Neugierige können die ergiebigsten Ruinen direkt ansteuern oder auf einer Runde erwandern. Dabei zeigt sich, mit welcher Geduld die Natur zurückgewinnt, was ihr der Mensch einst abrang – und was Papst Benedikt XVI. damit zu tun hat.

Neufang, Landkreis Deggendorf, Niederbayern **Ort/Place** Ferienhausruine, Neufang 14, 94541 Grattersdorf **GPS** 48.813557, 13.215433 **Anfahrt** Von Westen via B533 und Grattersdorf, von Norden via B533 und Schöfweg, von Osten via Zenting, von Süden via Schöllnach

LAGE DER DINGE Die Parzelle mit der Hausnummer Neufang 14 liegt im äußersten Zipfel der Gemeinde Grattersdorf, die sich an dieser Stelle in Richtung Brotjacklriegel erstreckt. Wer auf dem Zubringer weiter marschiert, wechselt auf Höhe der Killinger-Ruine in die Gemeinde Schöllnach, ebenfalls gerade noch im Landkreis Deggendorf angesiedelt. Der Hangwald in Richtung Gipfel entspricht in diesem Bereich einer Exklave der Gemeinde Schöfweg, welche zum nordöstlich gelegenen Landkreis Freyung-Grafenau zählt.

DIRETTISSIMA Am schnellsten erreicht die erste angepeilte Ruine, wer vom Wanderparkplatz beim Feuerwehrhaus am Südrand von Langfurth dem Asphalt in Pfeilrichtung Zenting/Ölberg folgt sowie 150 Meter weiter mit der Markierung Nr. 17 und dem gelben Pfeil links nach Neufang abbiegt. Bergan geht die schmälere asphaltierte Strecke nach 700 Metern auf Höhe der Anlieger-Kapelle in einen Forstweg über. Rund 500 Meter geradewegs weiter treffen wir am Rande der Lichtung auf die eingewachsene Ferienhausruine. Festes Schuhwerk und eine lange Hose helfen, durch Brennnesseln und Dornengestrüpp zu dem Gebäude mit seinen offenen, zerstörten Fenstern zu gelangen. Während die Ruine zum Wanderweg hin noch robust wirkt, zeigt sich bergwärts das ganze Ausmaß jahrelangen Niedergangs. Richtig wohl fühlen sich in diesem Haus vor allem tierische Bewohner.

NEUFANG-RUINE Da den Boden undurchsichtig Modriges bedeckt, lässt sich die Haustür neben dem verrosteten Geländer nicht mehr öffnen. Durch den Nebenraum mit seiner schwitzenden Decke hindurch oder von oben her gewinnen wir jedoch jede Menge Eindrücke. Ein Blick auf das Mauerwerk im Hausinneren verrät: Die Grundfeste bestehen im hinteren Teil des Gebäudes aus uraltem Gestein. Darüber sowie nach vorne hin dominieren moderne Ziegel, welche an einem Teil der Außenwand noch halbwegs anständig verputzt erscheinen. Dergestalt wird klar, dass es sich um die Reste eines Hauses aus unseren Tagen handelt. Verdammt lang her ist es dennoch, dass die am zugewachsenen Boden dahinfaulenden Holzbalken das Hausdach trugen. Wo das Gebäude kein funktionsfähiges Dach mehr besitzt, schreitet der Verfallsprozess rasch voran. Der Blick durch die nackten Fenster scheint wiederum auf einen Dschungel zu treffen, der die Ruine zu verschlingen trachtet. Ähnliches gilt für die nächste Ruine, die weiter am Wanderweg Nr. 17 hinter der folgenden Lichtung im Wald versteckt liegt. Hier reicht der Verfall sogar noch weiter.

Während die eigentliche Haustür verschlossen bleibt, öffnet sich hier ein Spalt.

In dieser Ruine aus Naturstein lebte einst das Ehepaar Anna und Josef Killinger.

Kein Durchblick: Fenster ohne Glas in der Ferienhaus-Ruine

KILLINGER-RUINE Naturstein auf Naturstein setzten die Waidler einst aufeinander, um ihre Unterkünfte zu errichten. Das traditionelle Steinhaus, dessen Reste wir aufspüren, bewohnte bis gegen Mitte des letzten Jahrhunderts das Ehepaar Killinger. Anna starb am 12. Juli 1948 im Alter von 83 Jahren. Ihr Mann Josef brachte es zwar auf 84 Lenze, segnete aber bereits am 26. November 1943 das Zeitliche, also noch zu Kriegszeiten. Folglich lässt sich errechnen: Der Niedergang ihres einst trauten Heims zieht sich bald acht Jahrzehnte dahin. Einmal mehr zeigt sich: Bricht erst einmal das Dach zusammen, steht dem stückweisen Verfall der einst mit Mühe aufgerichteten Herberge kaum noch etwas entgegen. Ein neues Zuhause findet das Moos, welches die alten Steine wie ein Teppich überzieht. Selbst stattliche Bäume wachsen und gedeihen dort, wo sich einst der Mensch häuslich einzurichten versuchte.

VORWÄRTS ODER ZURÜCK Allen, denen das Gesehene reicht, kehren auf dem bekannten Weg zurück. Dieser erstreckt sich über eine Länge von 1,7 km. Alternative: Knapp einen Kilometer weiter begeben wir uns auf die Spur eines deutschen Papstes. In diesem Fall folgen wir von der Killinger-Ruine erneut Wanderweg Nr. 17, zunächst in Richtung Südosten. Kurz fädeln wir auf den Ölberger Turmweg in Richtung Brotjacklriegel ein, bleiben dann aber der Forststraße (Nr. 17) so lange treu, bis wir auf den Daxsteiner Turmweg treffen. Bergwärts nach links stoßen wir einen Katzensprung entfernt auf Ruine Nummer drei.

KAMMERER-RUINE Hand aufs Herz: Selbst im Vergleich zur Killinger-Ruine wirken die Überreste beim Kammererhaus, das heute politisch zur Gemeinde Zenting gehört, noch einmal armseliger. Treffen wir auf die vom Bergwald heimgeholten Reste des traditionellen Natursteinhauses, können wir kaum noch ausmachen, dass das Gebäude einst auf einer gerodeten Lichtung stand. Kurz und bündig: Der Anblick übertrifft keinesfalls das bisher Gesehene, sehr wohl aber eine hochheilige Personalie. Das niedrige Haus, in dem die Bewohner einst über eine Leiter unters Dach zum Schlafen kletterten, steht nämlich mit einem Pontifex maximus in direkter Verbindung.

PÄPSTLICHE SPUREN Vor knapp drei Jahrhunderten, nämlich im Jahr 1737, erstand Adam Hättenberger das höchstgelegene Grundstück von Daxstein und baute darauf mit seiner Frau Maria ein kleines Haus mit

Stadel und Stall. Das Besondere: Bei diesem Waidler handelt es sich um den Urururururgroßvater von Joseph Ratzinger, also niemand Geringerem als Papst Benedikt XVI. (das ehemalige Kirchenoberhaupt selbst kam allerdings nicht im Bayerischen Wald zur Welt, sondern in Marktl am Inn). Groß war das Grundstück schon, dass der Papst-Vorfahre sein Eigen nennen konnte. Aber aufgrund der Hang- und der Höhenlage sowie des steinigen Untergrunds kostete es viel Schweiß, den Hof zu bewirtschaften. Sicher quoll nicht nur in der kalten Jahreszeit der Rauch aus dem Kamin. Schließlich hieß es lange Zeit speziell über die Höhenlagen des Mittelgebirges: »Nei (neun) Monat' Winter, drei Monat' koid, des is da Woid.«

ADAM UND MARIA Gregor Hättenberger, Sohn der Häuslbauer, heiratete Anna Maria Heininger. Aus ihrer Ehe gingen Sohn Nikolaus und Tochter Maria hervor, wie es die Daxstein-Chronik von Anton Schuberl aus dem Jahr 2015 für die Nachwelt festhält. Und ebendiese Maria ist wiederum die Urururgroßmutter von Benedikt XVI. Da Marias Bruder als männlicher Nachkomme das Hauserbe antrat, verlieren sich allerdings mit der nächsten Generation die Daxsteiner Spuren der Tochter. Übrigens: Im Laufe der Zeit sprachen die Einheimischen bei dem bescheidenen Anwesen vom Gregerniglhaus, dem Manzenriedergütl oder nannten es Beim Laudan. Heute wird das Gebäude bzw. dessen Ruinenreste gemäß dem Familiennamen des womöglich letzten Mieters Kammererhaus genannt. Nach dem Tod von Karl Kammerer ließ die Verwaltung der Staatsforsten die Wiese auf der Lichtung aufforsten, was das jetzige, naturnahe Aussehen des Areals erklärt.

MÜLLERS LUST? Aktive, die Abwechslung lieben, folgen von der Kammerer-Ruine dem Daxsteiner Turmweg zur Gipfelkuppe, wo ein 25 Meter hoher Aussichtsturm mit Stüberl empfängt. Der Abstieg erfolgt in diesem Fall auf dem Turmweg in Richtung Langfurth, wobei wir auf dem Wanderpfad ein skurriles Baumskelett passieren. Die ganze Runde erstreckt sich über 5,5 Kilometer Länge und nimmt gut zwei Stunden Netto-Gehzeit in Anspruch (von der Kammerer-Ruine auf dem bekannten Weg zurück ist es von der Strecke her etwa genauso lang, allerdings sparen wir uns die Höhenmeter zum Gipfel). Übrigens: Als südlichster Berg im Vorderen Bayerwald mit einer vierstelligen Höhenmarke misst der Brotjacklriegel 1011 Meter. Aus der Ferne lässt er sich an seinem 125 Meter hohen Sendemast gut ausmachen. Der ungewöhnliche Name der Anhöhe stammt aus dem 19. Jahrhundert. Damals benannte ein Vermesser, der des Bairischen nicht mächtig war, den »Broaden Jagariegel« (Breiter Jägerriegel) einfach seinem Gehör nach um. Den Einheimischen scheint der Fehler bis heute weitgehend »Wurscht« (egal) zu sein.

Während Ziegel diese Mauer formen, bestand das Killinger-Haus aus Naturstein.

21

WO DIE ZEIT STILLSTEHT

Das schlummernde Berg-Hotel von Daxstein

Wer rund um den Brotjacklriegel sesshaft werden will, kann sich dort als Hotelier versuchen. Ein Facebook-Eintrag von 2015 preist nämlich das Berg-Hotel Daxstein, welches zum Verkauf steht. Bis dato findet sich kein Abnehmer. So präsentierte sich das Gebäude zuletzt intakt, aber ohne Gäste.

Daxstein, Landkreis Freyung-Grafenau, Niederbayern **Ort/Place** Berg-Hotel, Mittlerer Daxstein 50, 94579 Zenting **GPS** 48.818284, 13.237195 **Anfahrt** Von Norden via B533 und Schöfweg, von Süden im Dreieck von Grattersdorf, Schöllnach und Zenting in Simmetsreut hoch

Betongewordenes Monument der siebziger Jahre des 20. Jahrhunderts: das Berg-Hotel Daxstein am Fuße des Brotjacklriegels

Schritt für Schritt setzen die massiven Treppen zur Sonnenterrasse ein wenig Moos an.

MONUMENT DER SIEBZIGER Direkt auf der Kuppe über Daxstein in Fahrtrichtung Schöfweg steht das Berg-Hotel mit dem nach hinten hin leicht abfallenden Pultdach. Nach vorne zieren die Balkons der fünfzehn, auf drei Stockwerke verteilten Zimmer die Unterkunft. Die kastenartige Form, die wuchtige Beton-Bauweise, das rundherum schwarz gestrichene Holz zur weißen Wandfarbe lassen nur eine Vermutung zu: Der Hotel-Bau stammt aus den siebziger Jahren des letzten Jahrhunderts. Dazu passen die relativ großen Fenster, welche auch dem schönen Ausblick in Richtung Süden von den Terrassen und den Balkonen dienen.

JEMAND DA? Vor einem Zimmer stehen zwei Stühle, als ob gerade noch jemand draußen gesessen hätte. Weiße Gardinen verhindern den Blick durch die geschlossenen Fenster und erwecken den Eindruck, als ob darin die Betten gerade noch gemacht worden wären. Nur vereinzelt beginnt die weiße Farbe abzuspringen. Indes weben Spinnen geduldig ihre Netze und hoffen auf Beute, die sich darin verfängt. Auf der von der Straße abgewandten Seite setzen die Betontreppen zur erhöht gelegenen Sonnenterrasse vor dem geräumigen Speisesaal Stück für Stück Moos an.

DER ZETTEL Im Schaukasten neben dem Haupteingang hängt noch die Speisekarte, worauf etwa Reiberdatschi oder eine Waidler-Brotzeit im Angebot stehen. Der vergilbte Flyer zum »Berg-Hotel, Restaurant, Café und Terrasse« vermittelt Eindrücke aus einer lebendigen, besseren und in Hinblick auf die jetzige Leere nahezu vergessenen Zeit. Das »Wandern in Deutschlands reinster Luft« preist die Werbeschrift an. Weitere Versprechen drehen sich um ein »behagliches Familienhotel« oder »absolute Ruhe« sowie ein »Höchstmaß an Erholung« in 800 Metern Höhe. Darüber hinaus findet sich ein vergilbter Zettel mit folgender Botschaft: »Aus gesundheitlichen Gründen sehen wir uns leider gezwungen, unser Hotel vorübergehend zu schließen.« Dazu bittet Familie Jobst seit geraumer Zeit um Verständnis.

DAS ANGEBOT Unter dem Link www.berg-hotel-brotjacklriegel.weblico.de steht bei Druck des Buches geschrieben: »Gelegenheit: Berghotel mit bis zu 24000 m^2 eigenem Grundstück mit Baugenehmigung, traumhaft schöne Lage im Bayerischen Wald, aus gesundheitlichen Gründen von privat zu verkaufen, auch geeignet für betreutes Wohnen oder dergleichen. Der Verkauf eilt.« Von wann das Angebot stammt, lässt sich nicht ausmachen. Allerdings greift ein Post auf Facebook vom 31. Oktober 2015 die Sache interessiert auf. So informiert ein Mitglied einer christlichen Gemeinschaft auf dem dazugehörigen Internet-Auftritt wie folgt über die Immobilie: »Vor zwei Wochen habe ich hier in Bayern das Berg-Hotel Brotjacklriegel Daxstein im südlichen Bayerischen Wald in der Region Sonnenwald rund um den Brotjacklriegel entdeckt. Kurzform der Daten: Hotel direkt am Wald mit einzigartigem Panorama, 34 Betten, alle Zimmer mit Südbalkon, Dusche/WC, TV und Telefon komplett eingerichtet, incl. Küche und Gasträume (ca. 70 Sitzplätze), Sauna, Solarium, große Sonnenterrasse, 1 Personalzimmer, 5-Zimmerwohnung, 8 Garagen, großer eigener Parkplatz, ca. 23.000 qm Grundstücksfläche (Südhanglage) mit ca. 200–250 km Fernsicht bis zu den Alpen. Das Objekt steht für 430.000 € zum Verkauf.« Der in die Mitteilung eingefügte Original-Link zum Auftritt des Berg-Hotels (http://www.berghotel-brotjacklriegel.de) zeigt sich indes deaktiviert. Darüber hinaus lief die Dehoga-Hotelklassifizierung mit zwei Sternen, welche neben dem Haupteingang prangt, bereits im Jahr 2008 aus. Bestand hat

Trotz Hinweisschild an der Straße: Hotel, Restaurant und Café zeigen sich definitiv geschlossen.

der Wanderparkplatz, der zwischen dem Berg-Hotel und dem nur einen Steinwurf entfernten bewohnten Haus liegt.

Das besondere Erlebnis

Vom Wanderparkplatz neben dem Berg-Hotel bietet sich ein alternativer Einstieg für die Orte aus Tour 20. Auf dem Daxsteiner Turmweg in Richtung Gipfel erreichen wir nach gut 1 km Aufstieg (20–30 Minuten) die kümmerlichen Reste des alten Kammererhauses, in dem ein Teil der Vorfahren von Papst Benedikt XVI. lebte. Ein kleines Stück zurück ins Tal und dem Forstweg in Richtung Südwesten gefolgt, bringt uns Nr. 17 in Richtung Neufang (Langfurth) zur alten, steinreichen Killinger-Ruine sowie wenige Minuten weiter zur Ferienhausruine Neufang 14.

Dieser Zettel weist auf die vorübergehende Schließung der Herberge hin.

Ein Relikt aus besseren Zeiten: der aufschlussreiche Schaukasten am Haupteingang des Objekts

Wo die Rot(h)bachschwelle heute in sich ruht, ließen die Woidler einst bei der Holztrift das Wasser zu Tal schießen.

22

WASSER MARSCH AM ROTHBACH

Ein Blick zurück in die Hochzeit der Holztrift

Im ganzen Bayerwald liegen alte Schwellen verborgen. Darin stauten die Waidler einst das Wasser für den Holztransport, die Trift. Nahe der Grenze zum Nationalpark erreichen wir zu Fuß die einsam gelegene Klause am Rothbach und spüren nach, was es dort mit viel Aufwand zu erledigen galt.

Klingenbrunn Bahnhof, Landkreis Regen, Niederbayern **Ort/Place** Rot(h)bachschwelle an der Flanitz(schwell)straße, 94258 Frauenau **GPS** 48.955090, 13.335879 **Anfahrt** Von der Nationalparkstraße zwischen Frauenau und Spiegelau nordwestlich von Klingenbrunn nach Klingenbrunn Bahnhof abbiegen, hinterm Ortsschild an der Gabelung halblinks halten sowie vorm Bahnübergang parken

Eine Kette mit Schloss sichert das Rad, welches den zentralen Abfluss reguliert.

DER ANMARSCH Noch vor dem Bahnübergang marschieren wir los. Auf der Forststraße geht es die Gleise entlang in Richtung Frauenau (Markierung Nr. 1). Erst 350 Meter weiter überschreiten wir den Schienenstrang. Sogleich queren wir halb links die Flanitz und gehen durch das nahe Häuser-Ensemble hindurch. Unmittelbar dahinter erreichen wir erneut eine Gabelung. Auf dem dortigen Wegekreuz steht der Psalm: »Weise mir, Herr, Deinen Weg.« Für uns bedeutet das an dieser Stelle, halbrechts auf den unmarkierten Forstweg einzuschwenken. Auf der von uns aus gesehen linken Seite der Flanitz streben wir stromaufwärts. Am anderen Ufer beginnt der Nationalpark. Die Durchlass-Brücke, die wir 800 Meter weiter passieren, führt über den Rothbach, kurz bevor sich dieser mit der Flanitz vereint. 200 Meter dahinter begrüßt uns nach leichtem Schlängeln ein Findling. Einen Steinwurf entfernt nach links, am Ende des Stichwegs, erreichen wir unser Ziel: die Rot(h)bachschwelle (einfache Strecke insg. gut 1,5 km, maximal 30 Minuten).

DER AUFTAKT Lost Places repräsentieren oft ein Stück einer von Menschen geschaffenen Kulturlandschaft. Das gilt in besonderem Maße für Schwellen. Die Klause am Rothbach zeigt sich relativ einfach zu erreichen und ansehnlich erhalten. Die ufernahen Fichten und die dahinterstehenden Laubbäume spiegeln sich im dunklen Nass. Doch auch wenn das Gewässer wie ein kleiner, einsamer Gebirgssee wirkt: Es ist nicht natürlichen, sondern menschlichen Ursprungs. In der Tat lieferte das heutzutage romantisch anmutende Szenario früher den Rahmen für ein gewaltiges Spektakel, das Jahrzehnte lang im Frühjahr rund um den Staudamm abging.

DAS TRIFTEN Jahr für Jahr zur wasserreichen Schneeschmelze öffneten die Waldarbeiter die Triftsperren. Das aufgestaute

Nass schoss talwärts und riss die an geeigneter Stelle platzierten Stammteile mit sich. Verkeilten sich Holzstücke und blockierten die nachfolgenden, bedurfte es gekonnter wie gewagter Einsätze, diese bei laufendem Betrieb frei zu stemmen. Die Ursprünge der ausgeklügelten Transportmethode reichen ins 14. Jahrhundert zurück. Im späten 19. Jahrhundert erreichte die Trift im Bayerwald ihren Höhepunkt. Ende der fünfziger Jahre des letzten Jahrhunderts kam sie zum Erliegen. Moderne Transportmittel lösten das aufwendige Treiben ab. Einige Schwellen verlandeten, andere, wie die Rot(h)bachschwelle, dienen heute als stumme Zeugen einstiger Tatkraft. Wie ungeheuer aufwendig sich das Triftwesen gestaltete, versinnbildlicht ebenso eindrucksvoll der Trifttunnel in Hals vor Passau (Ort Nr. 29).

DER VORLAUF Bis ein gefällter Baum aus dem Bayerwald wie in unserem Fall über die Flanitz und zuletzt den Regen nach Regensburg oder alternativ weiter südlich über die Ilz nach Passau transportiert war, dauerte es früher fast ein ganzes Jahr. Zunächst schlugen die Waldarbeiter im Sommer das Holz und zerteilten es in etwa drei Meter lange Teile, sogenannte Sägeblochen. Im folgenden Winter zogen sie das Holz mit Schlitten zu speziell begradigten Bächen. Dann nahm das bereits geschilderte große Triften seinen Lauf. Im Jahr 1872 ließ der damalige Freiherr von Poschinger die Rot(h)bachschwelle in Holzbauweise errichten. Gut 30 Jahre später löste die erste betonierte Schwelle der Region den alten Staudamm ab. Nicht mehr genutzt, drohte dem Bauwerk mit seiner 40 Meter langen Mauer der Verfall. Durch den Einsatz des Adelsgeschlechts von Poschinger bleibt das beispielhafte Kulturdenkmal der Nachwelt erhalten und vermittelt gleichermaßen Naturgenuss und morbiden Charme.

↓ Bei diesem Findling biegen wir links ab und erreichen sogleich die Schwelle.
↘ Hinter dem Staudamm zeigt sich der Durchlass zwar versperrt, dennoch feucht.

SICHTBARE ZEICHEN Heute können wir an einer Kette entlang bedächtigen Schrittes über die schlanke, südlich ausgerichtete Staumauer schreiten. Auf der anderen, westlichen Seite des Speichers erwartet erst seit wenigen Jahren eine Art Bypass. Durch ein Rohr speist nun das Wasser das danebenliegende Bett des Rothbachs. Bringt das Licht das feuchte Element zum Leuchten, erklärt sich der Name des Wildwassers von selbst. Indes ist der eigentliche Durchlass bei der Schwelle versperrt und das Rad zum Regulieren des Ablaufs mit einem starken Schloss gesichert. Bei alledem findet das Nass tröpfchenweise oder durch stetes Durchsickern auch dort seinen Weg. Übrigens: Stromabwärts an Rothbach und Flanitz lebt der dämmerungs- und nachtaktive Biber. Insofern könnten wir als naturnahe, lebendige Zugabe auf unserem Weg einen tierischen Damm zu Gesicht bekommen. Schließlich geht es auch dem Nagetier um das Nutzen von Holz.

Durch dieses Rohr fließt das Wasser ins danebenliegende Bett des Rothbachs.

Beim Anmarsch passieren wir das Wegekreuz hinter den Häusern an der Flanitz.

23

WO DIE KREISSÄGE SCHWEIGT

Das verlassene Holzwerk im Herzen von Spiegelau

Zentral zwischen Bahnhof und Hauptstraße gelegen, empfängt das großflächige Areal des einst größten staatlichen Sägewerks in Bayern. Wo schweres Gerät über Jahrzehnte hinweg die angelieferten Stämme kurz und klein schnitt, kehrte kurz vor der Jahrtausendwende gespenstische Ruhe ein.

Spiegelau, Landkreis Freyung-Grafenau, Niederbayern **Ort/Place** Staatliches Sägewerk, Rachelstraße/Bahnhofstraße, 94518 Spiegelau **GPS** 48.917540, 13.357852 **Anfahrt** Via B11/Zwiesel oder B85 oder B533/Grafenau oder Nationalparkzentrum Lusen

Diese einst schmucke Fassade schließt den Seitentrakt der alten Sägehalle in Richtung Nordosten ab.

Was früher den Transport erleichterte, sieht heute wie ein dahindösendes Stahlmonster aus.

DEUTLICHE KONTRASTE Seit 2012 forscht das moderne Technologie-Anwender-Zentrum (TAZ) in Spiegelau als Außenstelle der Technischen Hochschule Deggendorf an zukunftweisenden Lösungen rund um das Thema Glas. Der Ort des Geschehens, der neu angelegte Dr. Ludwig-und-Johanna-Stockbauer-Platz, liegt am Rande des alten staatlichen Sägewerks. Nur 200 Meter vom TAZ entfernt erkennt das geschulte Auge ein Ensemble mit drei anflugweise verfallenen Gebäuden. Dort landeten im Jahr 1999 die 30 Beschäftigten auf der Straße, als das Unternehmen für immer seine Pforten schloss. Während das Areal mit der Betonplatte der alten Sortierhalle zwischen TAZ und den alten Gebäuden nun als Parkplatz dient, dümpelt das größte Gebäude, die alte Sägehalle, vor sich hin. Darüber hinaus zeugen zwei verlassene Seitengebäude davon, dass dort viele Jahre lang ein weiterer Rohstoff verarbeitet wurde, der den Bayerwald wie das Glas prägt: das Holz. Immerhin geht die »Kleine Geschichte Niederbayerns« (Pustet-Verlag) davon aus, dass noch ums Jahr 1900 im Bayerwald 700 Sägewerke mit mehr als 7000 Beschäftigten ihre Arbeit verrichteten.

MODRIGE MAUERN Im Erdgeschoss notdürftig mit Spantafeln versehen, darüber komplett zerbrochene Fensterscheiben – so empfängt die alte Sägehalle. Neben morscher Holzverkleidung bröckelt der Putz von der Mauer. Beim Blick hinein ins zugige Innere lässt sich unter dem Gebälk ein alter Holzwagen erspähen, dem ein Rad fehlt und der aussieht wie nach einem Überfall im Wilden Westen. Darüber hinaus zeugen sinnfreie Sprüche an den Wänden von unwürdigem Besuch. Bei Druck des Buches lässt sich die alte Sägehalle von der dem Ort zugewandten sowie von der oberen Seite ohne Hindernisse erreichen. Indes wird nicht nur der Seitentrakt von zartrosa Weidenröschen oder dichtem Gestrüpp umfasst. Neben dem größten Gebäude setzt ein metallenes Kransystem mächtig Rost an und erinnert an ein modernes Kunstwerk. Daneben, im alten Turm, lagern angebrochene Ziegel sowie modriger Dämmstoff unter einer dicken Staubschicht. Wie die Gemäuer selbst scheint manch altes Gerät rundherum in einem Dornröschenschlaf zu liegen und bereit dafür, wachgeküsst zu werden.

DAS »STAATLICHE« Davon sprechen die Spiegelauer lange Zeit, wenn sie vom größten Sägewerk sprechen, das der Freistaat Bayern je selbst betrieb. Ein Blick zurück: Zunächst prägt Ernst Petzold die Firma. Der sächsische Unternehmer kommt 1890 nach Spiegelau und übernimmt das Sägewerk von Martin Heiß. Nach Petzolds Tod im Jahr 1910 übernimmt sein Neffe die Geschäfte, Kommerzienrat Dr. Konrad Wilsdorf. Unter seiner Leitung erfolgt im Jahr 1923 der niveaugleiche Anschluss an die Waldbahn, wie »Die Kleine Spiegelauer Geschichte« von Hermann Beiler verrät. In der Blütezeit stehen über 200 Arbeiter »Beim Petzold« in Lohn und Brot. Schicksalsschlag: Als Wilsdorfs einziger Sohn im Zweiten Weltkrieg fällt, übereignet er kurzentschlossen das Sägewerk dem Staat. Dergestalt läuft das Unternehmen über das Kriegsende hinaus weiter.

GROSSBRAND UND ENDE 1990 erklingen die Sirenen. Über 20 Feuerwehren eilen zu einem Großfeuer, das ein Brandstifter entfacht hat. Die Flammen legen die Schnittholzsortieranlage in Schutt und Asche. Doch auch davon erholt sich der Betrieb. Nichtsdestotrotz wächst der wirtschaftliche Druck, sodass das Sägewerk neun Jahre später schließt. Heute erinnert die Konrad-Wilsdorf-Straße, die parallel zur Rachelstraße verläuft, an den langjährigen, 1962 verstor-

↓ Dieses Spezialgefährt schlummert vor einem der Nebengebäude vor sich hin.

↘ Herangezoomt: das tragende Gebälk des Hauptgebäudes in Spiegelau

Beim Blick von draußen hinein in die Sägehalle fällt dieser alte Holzwagen auf.

benen Eigner des zuletzt staatlichen Sägewerks. Übrigens: Wo sich auf der anderen Seite der Schwarzach der Kurpark erstreckt, arbeitete bis 1982 ein weiteres Sägewerk, nämlich die Spiegelauer Holzwerke, vormals Bartels-Werke, vormals Reinert sowie anfangs S. Zucker Dampfsäge genannt. Womöglich hören Menschen mit siebtem Sinn in der Nacht bei Vollmond rund um die zwei ruhmreichen Industrieanlagen immer noch die Sägen kreischen …

LAGE DER DINGE Die Industriebrache liegt zentral in Spiegelau. Mangels Investoren, die den aufwendigen Rückbau bezahlen, fühlte sich die Kommune im Jahr 2003 befleißigt, das Gelände zu erstehen. Der TAZ-Bau ist ein erster Schritt bei der »Umnutzung des Geländes des ehemaligen staatlichen Sägewerks Spiegelau«, welches vom Bund gefördert wird, wie eine aufgestellte Bautafel bei der Recherche verrät. Seit 2022 zählt die Gemeinde Spiegelau zudem zu einer von zehn ausgewählten Modellkommunen in Bayern. Im Rahmen der staatlichen Initiative »Landstadt Bayern« winken Fördergelder für neue Quartiere, was das Gesicht des Areals natürlich massiv beinträchtigen könnte. Einstweilen zeigt sich bei Druck des Buches ein Großteil des Geländes weiter im alten Gewand. Was für die einen ein Schandfleck darstellt, empfinden andere aufgrund der besonderen Ästhetik als wahres Fundstück.

Das besondere Erlebnis

Was für das alte örtliche Sägewerk gilt, zählt Stück für Stück auch für die Fabrik Kristallglas Spiegelau. Im einst ebenso traditionsreichen Unternehmen im Südosten des Ortes an der Hauptstraße vor dem Kreisverkehr erloschen nämlich im Jahr 2008 die Öfen für immer. Auch dieses großflächige Areal zeigt sich zentral gelegen, was sich womöglich darauf auswirkt, wie es weitergeht.

In die Natur des Hangwalds eingebettet, liegt der alte Stollen im Norden von Guglöd versteckt.

24

VERSPERRTE PFORTEN

Hof und Quarzstollen im Nationalpark in Guglöd

Wie eine lichte Insel im Nationalpark Bayerischer Wald zeigt sich das ehemalige Glasmacherdorf Guglöd zwischen Großem Rachel und Lusen. Während im Osten des Ortes der eingewachsene Eindachhof gut auszumachen ist, liegt darüber im Wald der alte Quarzstollen verborgen.

Guglöd, Landkreis Freyung-Grafenau, Niederbayern **Ort/Place** Naturnaher Hof, Guglöd 8 (hinteres Gebäude), 94568 St. Oswald-Riedlhütte **GPS** 48.926854, 13.434530 **Anfahrt** Im Dreieck Spiegelau, St. Oswald und Altschönau von der Nationalparkstraße Pfeil nach Guglöd folgen

ANKOMMEN Am westlichen Dorfende (aus/in Fahrtrichtung Spiegelau) empfängt am oberen Waldrand zurückversetzt der offizielle Parkplatz, ausgezeichnet als »Rastplatz Guglöd«. Am entgegengesetzten, südöstlichen Dorfausgang lässt sich einen Steinwurf hinter dem schmucklosen Haus mit der Adresse Guglöd 8 der eingewachsene Eindachhof vor einer Art kleinen Werkstatt erspähen. Das vordere, der Straße zugewandte Gebäude sieht aus, als ob es zumindest sporadisch bewohnt wird, worauf aufgeschichtetes Brennholz neben der Haustür hinweist.

FASSADE Auf dem ersten Blick fasziniert, wie sich das Ziegeldach schlangenlinienförmig mit Ach und Krach über das Anwesen wölbt. Die Außenwände bestehen teils aus schwerem Holz. Teils zeigt sich das Erdgeschoss in typischer Art und Weise gemauert. Darüber folgen entweder quadratische, miteinander verzahnte Balken oder hölzerne Vertäfelungen. Das traditionelle Anwesen scheint auch der Pflanzenwelt zu gefallen – Sträucher vereinnahmen naturnah, was Menschenhand einst schuf. Das gilt auch für die mit Holzbrettern vertäfelte Rückseite, die dorfauswärts zeigt und im oberen Bereich eine Schwachstelle aufweist.

SCHOKOLADENSEITE In Richtung Sonnenuntergang zeigen sich drei notdürftig verschlossene, klapprige Fenster. Darüber, bis hin zum Giebel, präsentiert sich das Anwesen von grünen Blättern märchenhaft umrankt. Im verlassenen Haus steht mehr oder weniger unnützes Zeug herum, wie Blicke durch die Fenster ins Innere verraten. Die sichtbaren Gegenstände reichen vom Klappbett bis zum Kästchen, auf dem Werkzeug wie bestellt und nicht abgeholt steht. Ein

Derart zeigt sich der windschiefe Hof allen, die aus Richtung Südosten von der Kleinen Ohe kommen.

Rahmen mit verblichenem Foto lässt eine alte Frau schemenhaft erkennen. Weniger schlau wird man aus dem kleinen Bau, der direkt über dem alten Bauernhaus steht. Dessen Holzwände wirken nämlich neu, das Blechdach tiptop. Beim Blick durch die dortigen Fenster erkennen wir Schutt sowie einen teils äußerst unebenen Boden, der an eine aufgelassene Baustelle erinnert. Unterm Strich passen die drei relativ nah nebeneinanderstehenden Gebäude nicht gut zueinander. Auch deshalb wirkt das ungleiche Ensemble ein Stück weit rätselhaft.

Das besondere Erlebnis

Am offiziellen »Rastplatz Guglöd« startet der mit dem »Bockkäfer« markierte Rundweg ums Dorf, den wir in Richtung »Quarz-Stollen« einschlagen können. Erst bergauf in Richtung Norden in den Wald hinein, dann in einem Bogen nach Westen wird die Wanderkreuzung erreicht, bei der ein Pfeil hinunter zum Eingang des Stollens weist (einfach 500 m, gut 10 Minuten). Treppab geht es an den Info-Tafeln vorbei zum Eingang, den leider Gottes ein grobmaschiges Drahtgestell versperrt. Nur unsere neugierigen Blicke dringen tief ins Innere des Tunnels vor. Erkennen lässt sich mit bloßem Auge auch ohne Taschenlampe die typische Balken-Konstruktion, welche den in Stein gemeißelten Gang gestern wie heute vor dem Einsturz bewahrt. In der Tat hat das so genannte Grubenholz einen stattlichen Durchmesser von bis zu 25 Zentimetern. Im Stollen rangen die Bergleute dem Erdreich einst Quarz ab, welcher rund um Guglöd in Gestalt von kleinen geologischen Linsen oder gangartigen Körpern auftritt. Den harten Stein benötigten die ansässigen Glasbläser

Zauberhafter Blick aus westlicher Richtung auf den von grünen Blättern umrankten Giebel des Hofs

für ihre Arbeit. Der Quarzstollen selbst war bis 1873 in Betrieb und geriet dann in Vergessenheit. Erst 1990 spürten Einheimische auf einfache wie geniale Art und Weise den Eingang wieder auf. Sie gingen nämlich den Erzählungen der alten Guglöder über den Stollen auf den Grund, indem sie schlicht und ergreifend an den besagten Stellen in die Tiefe gruben, so wie einst Archäologe Heinrich Schliemann mittels Homers Odyssee-Epos das verschüttete Troja wiederfand. Bislang freigelegt wurde der Hauptstollen mit elf Metern Länge plus Nebenstollen. Das ganze Ausmaß des Tunnelsystems in Guglöd bleibt bis heute unerforscht. Ganz in der Nähe lassen sich weitere Schürfgruben ausmachen, welche im Unterschied zum Bergbau dem Tagebau dienten. Insgesamt sollen dem Bayerwald alleine in dieser Gegend seit dem Spätmittelalter rund 40 000 Kubikmeter Quarz abgerungen worden sein.

Bei der vertäfelten Rückseite des Gebäudes fehlt mindestens ein Brett.

↓ Blick durchs Gitter auf das Grubenholz, das mächtige Stützgebälk des Bergwerks

↘ Ein Drahtgestell hält Neugierige von tiefergehenden Erkundungen des Stollens ab.

25

VERTREIBUNG DER GEISTER?

Auf der Kippe: Arcadiahotel Sonnenhof in Grafenau

Die Tage des Arcadiahotels Sonnenhof in Grafenau als Lost Place scheinen gezählt. Schließlich tauchten bei der Recherche rund um die mächtige Herberge Handwerker auf. Sollte das Geisterhaus wider langjähriges Erwarten in neuem Glanz erstrahlen, taugt dieses Kapitel als Erinnerung.

Grafenau, Landkreis Freyung-Grafenau, Niederbayern **Ort/Place** Arcadiahotel Sonnenhof, Sonnenstraße 12, 94481 Grafenau **GPS** 48.850444, 13.403613 **Anfahrt** U. a. B533 bis Grafenau, bei Sommerrodelbahn in Richtung Ringelai abbiegen, beim Heizkraftwerk links, alte Tennishalle rechts liegen lassen

Auch an diesem Notausgang fragt sich: Quo vadis, kolossales Hotel am Stadtrand von Grafenau?

POTENZIAL Lange Zeit schien es, als würde sich der Bettenkoloss aus den siebziger Jahren des letzten Jahrhunderts am Rande von Grafenau zu einem Geisterhaus entwickeln. Schließlich stand das Arcadiahotel Sonnenhof, ehemals Steigenberger, über Jahre hinweg leer. Doch dann tauchten die Kleinbusse beauftragter Handwerker auf, die es allerdings nicht eilig zu haben schienen. Stets zeigt sich das Objekt vom »Bavaria Sicherheitsdienst« videoüberwacht. Schließlich ist der Zutritt zum mehrstöckigen Gebäude, dessen Grundriss aus der Vogelperspektive drei Flügel erkennen lässt, verboten.

BALLSPORTORT Im dunklen Forst vor dem Komplex dämmert die alte Minigolfanlage vor sich hin. Laub füllt die einst mit Schläger und Ball angepeilten Löcher. Zwischen kniehohen Gräsern ragen eingewachsene Hindernisse empor. Den Dachvorsprung der Blockhütte mit der früheren Kasse eroberten Spinnen als Platz für ihre Netze. Daneben wuchern das Karussell und die Schaukel zu.

POLIZEIBEKANNT In jüngster Vergangenheit geriet das Hotel immer wieder in die Schlagzeilen. Mehr als einmal musste die Passauer Neue Presse (PNP) einen Einbruch mit Sachbeschädigung vermelden, etwa im August 2018, als vier junge Männer sowie zwei Frauen im Alter zwischen 16 und 25 Jahren unerlaubt ins Gebäude gelangten. Der alarmierte Sicherheitschef konnte die Eindringlinge bis zum Eintreffen der Polizei festhalten. Es erfolgte eine Anzeige wegen Diebstahls in besonders schwerem Fall, Sachbeschädigung, Hausfriedensbruchs und Verwendens von Kennzeichen verfassungswidriger Organisationen. Oder im Mai 2022 machte die Polizei zwei Jugendliche aus, die verbotenerweise auf das Dach des damals leerstehenden Hotels stiegen, und leitete die Fahndung ein.

Hungrige Spinnen knüpfen am alten Häuschen der Minigolfanlage ihre Netze.

STATUS QUO Rund um den Jahreswechsel 2019/20 berichtete die PNP mehrfach, dass Ido Michel das sanierungsbedürftige Objekt kauft. Der Unternehmer plant, das Gebäude in das nationale Netzwerk seiner »Michel & Friends Hotels« einzugliedern. Der örtliche Bürgermeister zeigte sich beglückt. Eine riesige Ruine steht jedem Rathauschef im Weg. Allerdings: Die genannten Meldungen stammen aus der Zeit kurz vor Ausbruch des Corona-Virus. Es stand in den Sternen, inwieweit das Pandemie-Geschehen die Pläne durchkreuzt. Zwar war im Sommer 2022 auf den Eigner-Websites zu lesen: »Wir freuen uns bald unser Michel & Friends Hotel Grafenau Ende 2022 eröffnen zu können.« Indes meldete die PNP bereits im Mai 2022, der Start verschiebe sich auf 2023. So sehen wir angelehnt an Bertolt Brecht, zunächst betroffen den Vorhang zu und alle Fragen offen.

Im Inneren des Tunnels, hinter der T-Kreuzung, endet der Gang linker Hand in dieser Nische mit erhöhtem Boden.

26

TIEF INS REICH DER ZWERGE

Der 1000-jährige Tunnel unterm Gasthaus Klessinger

Kein Lost Place erwartet uns in Hundsruck. Schließlich ist der mittelalterliche Erdstall unterm Gasthaus Klessinger erschlossen. Aber einen mysteriösen Dark Place entdecken wir, nicht zuletzt weil bis heute niemand das Geheimnis lüften kann, wer und warum jemand derartige Gänge in Mutter Erde gräbt.

Hundsruck, Landkreis Freyung-Grafenau, Niederbayern **Ort/Place** Erdstall/Schrazlgang unterm Gasthaus Klessinger, Hauptstraße 31, 94163 Saldenburg **GPS** 48.777579, 13.339394 **Anfahrt** Zwischen Schönberg und Tittling liegt Hundsruck im Dreieck von Saldenburg (1,5 km), Thurmannsbang (3,5 km) und Zenting (7 km)

ZUGANG Ganz besonders den Bayerwald durchziehen uralte, rätselhafte Tunnel mit Kammern, welche enge Schlupfe miteinander verbinden. Was die Forschung als Erdstall oder Erdloch bezeichnet, nennen die Einheimischen Schrazlgang. Da es in derartigen Höhlen eng zugeht, vermuteten die Waidler darin nämlich einst Zwerge oder zwergenartige Schutzgeister, Schrazln genannt. Ein Erwachsener, idealerweise nicht zu fest gebaut, kommt im unterirdischen Gang in Hundsruck entweder auf den Knien voran oder zwängt sich watschelnd hindurch. Sodann öffnet sich im fein ausgeschabten Sandstein eine ganz eigene Welt. Die Form des unterirdischen Systems erinnert bei diesem Erdstall an einen Anker. Zugänglich zeigt sich der Schrazlgang, wenn auch das Gasthaus Klessinger seine Pforten öffnet, bei Druck des Buches Mittwoch bis Sonntag von 11.30 bis 14 und ab 17 Uhr. Durch das Lokal hindurch geht es treppab, sodann folgen wir dem roten Pfeil auf grünem Grund mit weißer Schrift »Zum Schrazlgang«. Und das erweist sich als echtes Glück, denn viele der uralten Unikate wurden im Laufe der Zeit durch Witterung, Unachtsamkeit oder Mutwillen zerstört oder befinden sich unzugänglich in Privatbesitz.

EINTAUCHEN Unten im alten Kartoffelkeller angekommen, begeben wir uns erneut treppab. Sechs Stufen tiefer passieren wir den Durchlass zum Schrazlgang. Rechter Hand geht es nicht weiter, wie es von oben scheint. Vielmehr endet der Stollen nach nur einem Meter in einer Nische. Folglich orientieren wir uns in die andere Richtung. Scharf links

Vom alten Kartoffelkeller des geöffneten Gasthauses gelangen Neugierige hinunter zum engen Schrazlgang.

entdecken wir eine weitere, ähnlich gestaltete Nische. Schräg nach links und dann geradewegs weiter dringen Neugierige endlich in den eigentlichen Tunnel vor. Ein ausgelöster Bewegungsmelder am Eingang sollte Licht spenden. Nötigenfalls hilft die Handy-Taschenlampe weiter.

AUF DIE KNIE Im Lichtkegel wirkt der Sandstein goldbraun marmoriert. Im Fotoapparat-Blitzlicht glitzert er silberfarben. Rund 15 Meter geht es weitgehend geradeaus in das unterirdische Gestein hinein. Die Höhe des Rundbogens zwingt uns in die Knie. Passagenweise verengt sich der Gang, sodass wir an der Wand entlangschrammen. Im Sonntagsgewand sollte sich also niemand hier reinbegeben. Da der Tunnel zuletzt Linksdrall hat, erreicht uns das Licht vom Eingang kaum mehr, wenn wir tief im Gestein auf eine T-Kreuzung treffen. Das zweite, hier vorinstallierte Licht fällt bisweilen aus. Übrigens: Wie es aussieht, platzierte einst jemand in kleinen Nischen in der Wand einige Kerzen, worauf Rauchspuren hindeuten.

HINTER DER VERZWEIGUNG Nach links geht es rund drei Meter tief erneut in das Gestein hinein. Allerdings liegt der Boden hier höher, sodass wir höchstens auf allen vieren weiterkriechen können. Unser künstliches Licht leuchtet bis in eine Nische, deren Form an einen Backofen erinnert. Nach rechts geht es von der T-Kreuzung aus hingegen rund fünf Meter weiter. Am Ende, zugleich an der feuchtesten Stelle, erwartet uns eine so genannte Schlusskammer, deren Wände sich breiter und deren Decke sich höher gefasst zeigen. Zudem lässt sich eine Art Sitz ausmachen. Wer mag hier Platz genommen haben? Und vor allem: Zu welchem Zweck? Oder markiert dieser Ort einen verschütteten, vertikalen Schlupf in eine andere Ebene? Auf alle Fälle können wir uns an dieser Stelle gegebenenfalls zu zweit ohne große Probleme umdrehen, was wir vor dem Rückmarsch auch tun sollten.

FRAGEZEICHEN Vor Augen halten sollte sich jeder: Das Alter des Bodendenkmals in Hundsruck wird auf 1000 Jahre geschätzt. Alleine auf dem Gebiet der Gemeinde Saldenburg tauchten bislang fünf Erdställe auf, die Menschenhand schuf. Kaum zu glauben: Was die Erbauer mit den Tunneln einst genau bezweckten, weiß bis heute niemand. Umso mehr entzünden sich daran Diskussionen und Spekulationen. Beim Schrazlgang unterm Gasthaus Klessinger stellt sich die Frage: Warum haben die Erbauer den Eingang versetzt angelegt, als ob sie auf den ersten Blick das ganze Ausmaß des Tunnels verbergen wollten?

GRUNDLAGEN Laut Interessengemeinschaft Erdstallforschung (IGEF) kennzeichnen alle derartigen Tunnelsysteme niedrige Gänge und Kammern, die anscheinend in sinnloser Reihenfolge angelegt den Untergrund durchziehen. Wiederholt kennzeichnen miteinander verbundene Passagen signifikante Engstellen. Diese sogenannten Schlupfe können waagrecht angebracht sein. Alternativ führen senkrechte Schlupfe nach oben oder nach unten und verbinden verschiedene Ebenen. Vereinzelt geht es bereits bei Eingängen senkrecht hinab. Darüber hinaus weisen die unterirdischen Labyrinthe keinerlei Stützen auf. Erstmals urkundlich erwähnt finden sich unergründliche Erdställe im Jahr 1449, also im Spätmittelalter. Ihre eigentlichen Ursprünge reichen womöglich noch einmal so weit zurück.

THEORIEGEBÄUDE Um die geheimnisvollen Gänge ranken sich natürlich vielerlei Ansätze. Naheliegend ist es zu glauben, dass

Umgeben von goldbraun marmoriertem Sandstein,
dringen wir bei der Höhlenforschung über 15 Meter tief in den Stollen ein.

Schrazlgänge als Verstecke dienten. In diesem Sinn hätte das labyrinthartige System zum Verwirren von Verfolgern gedient. Doch warum sollten sich Menschen in Höhlen verschanzen, die keinen zweiten (Not-)Ausgang haben und leicht ausgeräuchert werden können? Und warum sollten sich darin Alte und Kranke durch enge Schlupfe zwängen müssen? Um wiederum als Schatzkammern zu dienen, erscheint die Länge der Tunnel übertrieben. So tendieren die meisten Experten heutzutage dazu, Erdställe als rituelle Orte zu begreifen. Tipp: Diesen Fragen und noch viel mehr spürt die Zeitschrift »Bayerische Archäologie« im Heft »Geheime Gänge in die Unterwelt« nach.

NICHTS ALS RITUALE Eine Idee besteht darin, die Schrazlgänge als Kulthöhlen anzusehen, deren Schlupfe einer rituellen, ja heilenden Reinigung dienen. Krankheiten könnten demnach beim Durchzwängen im wahrsten Sinne abgestreift werden. Allerdings sollten in diesem Fall in den Erdlöchern vor allem an den Engstellen weit mehr Gebrauchsspuren zu sehen sein. Weiterer Gedanke: Da in den Tunneln keine Menschenknochen liegen, könnte es sich um sogenannte Leergräber handeln. Allerdings treffen wir üblicherweise auf derartige Stätten in Kulturen, in denen vor langen Wanderungen die Leichen verehrter Vorfahren zurückgelassen werden mussten. Da im wilden Bayerischen Wald wohl zu keiner Zeit Bevölkerungsdruck bestand, scheint diese Form des Ahnenkults unterm Strich unwahrscheinlich, auch deshalb, weil Leergräber andernorts oberirdisch liegen. Zu guter Letzt: Viele Erdställe wirken unbenutzt, als ob sie nicht Ritualen für Lebende, sondern einem Totenkult dienen. In der Tat kennt das antike Christentum den Glauben an einen Wartezustand der Seelen zwischen Tod und Jüngstem Gericht, auf Latein »Refrigerium interim«. Spätestens um das Jahr 1200 löste der Glaube ans Fegefeuer diese Annahme endgültig ab. Und in der Tat sollen eben zu dieser Zeit viele Erdställe verfüllt worden sein. Doch warum befinden sich die Tunnelsysteme dann nicht nahe von Kirchen und Friedhöfen, sondern in der Regel unter Wohnhäusern? Weiteren Ansätzen zufolge handelt es sich bei den Schrazlgängen um vorchristliche Seelenkammern, um abgeschiedene Plätze für Initiationsriten oder um (Fruchtbarkeits)-Brauchtumsräume inmitten von Mutter Erde. Unterm Strich tappt die Wissenschaft im wahrsten Sinne weiter im Dunkeln.

ZURÜCK NACH HUNDSRUCK Seit Generationen weiß Familie Klessinger um das Tunnelsystem unter ihrem Haus. Während früher nur ein kleines Schlupfloch im Kartoffel-

Wer sich gleich hinterm Stolleneingang nach rechts wendet, erblickt diese Nische.

keller den Zugang ermöglichte, legte der jetzige Wirt, Martin Klessinger, im Jahr 2007 den heutigen Eingang in das Reich der Finsternis frei. Sogleich nahm eine von ihm kontaktierte Forschergruppe aus der Bayerischen Landeshauptstadt das unterirdische System unter die Lupe. Im Anschluss daran öffneten die Klessingers den Schrazlgang für alle, die sich in den Tunnel reinzwängen können und wollen. Und jetzt genug geredet: Wer der Sache selbst auf den Grund gehen will, sucht einfach das rätselhafte Labyrinth auf und macht sich selbst einen Reim auf das, was einen dort erwartet. Handelt es sich bei den Schrazlgängen um vorchristliche Seelenkammern? Um abgeschiedene Plätze für Initiationsriten? Um (Fruchtbarkeits)-Brauchtumsräume inmitten von Mutter Erde? Sollte die Antwort weiter verborgen bleiben, nehmen wir uns zu Herzen, was bei Druck des Buches auf den informativen Websites von www.erdstallforschung.de geschrieben steht: »Eine Lösung des Rätsels ist nicht in Sicht.« In gelassener Art und Weise auf gut Bairisch heißt das: »Nix gwiß woas ma ned.«

Zugabe: Andächtige Stimmung im Steinernen Kirchlein mit Kreuz und Grablichtern

Das besondere Erlebnis

Ein klein wenig mit ähnlicher Grundstimmung sowie ein Stück weit besser versteckt – so erwartet das Steinerne Kirchlein im Saldenburger Granit. Der Ausgangspunkt hierfür liegt vom Gasthof Klessinger aus 2 km in Richtung Zenting (Westen) am nordwestlichen Ortsrand von Entschenreuth. Dort folgen wir dem Pfeil »Zum Wackelstein« bis zum ausgeschilderten Parkplatz hinterm Asphaltende. Dann marschieren wir auf dem für Kfz gesperrten Feldweg geradewegs über die erste Kreuzung hinweg. Vor dem Waldrand folgen wir Nr. 84 nach links. Hinter dem Rinnsal steigt der Pfad deutlich an. Schließlich zeigt sich rechter Hand der Granit in Form majestätischer, moosbewachsener Felsblöcke. Kurz hinter der Kuppe verraten zwei Pfeile, wo das Steinerne Kirchlein versteckt liegt. Zwischen den riesigen Felsen begeben sich Spürnasen geradlinig auf das Blockmassiv zu. Hinter dem schmalen, zurückversetzten Schlupfspalt verbirgt sich in einer luftigen Höhle das Steinerne Kirchlein (einfach 1,5 km, 0.30 Std.). Es heißt, ein aus dem Zweiten Weltkrieg heimgekehrter Soldat habe dort zunächst zum Dank für seine Rückkehr ein Kreuz aus Birkenholz angebracht. Später ersetzte er es durch ein schwarzes, eisernes Kruzifix. Auf derselben Strecke geht es zurück (alternativ ganzer Rundweg Nr. 84 samt Abstecher zum seltenen Wackelstein 4,5 km, 1.30 Std.).

27

GEMÄUER AM WILDWASSER

Die Ruine der Spornburg Dießenstein

Während unten die schwarze Ilz vorbeiströmt, verbirgt sich oben im Hangwald die wildromantisch gelegene Burgruine Dießenstein. Im Österreichischen Erbfolgekrieg geschleift, trotzen einige geschichtsträchtige Mauerreste inmitten üppiger Natur ganz zu unserer Freude dem Verfall.

Dießenstein, Landkreis Freyung-Grafenau, Niederbayern **Ort/Place** Burgruine Dießenstein, 94163 Saldenburg **GPS** 48.767695, 13.402050 **Anfahrt** Aus Norden/Westen/Süden via B85 bis Preying, von Brigarda- links in Bayerwaldstraße, außerorts gelben Pfeil rechts nach Dießenstein folgen; aus Osten bei Furth über die Ilz

Während wir uns der Ruine von oben nähern, wirkt der untere Teil, als ob er in die vorbeiströmende Ilz zu rutschen droht.

↑ Was verbirgt sich hinter diesem schmalen Durchgang?

↗ Naturgemäß setzen freiliegende Mauerreste ordentlich Moos an.

SPURENSUCHE In der Siedlung Dießenstein erreichen wir auf der Sackgasse 150 Meter nach der scharfen Linkskurve rechter Hand eine Parknische. Luftlinie liegt die Ruine von dort keine 100 Meter entfernt. Der ausgeschilderte Wanderpfad dorthin schlängelt sich knapp 200 Meter hinab. In der grabenartigen Senke geht es geradewegs wenige Schritte hinauf. Im dschungelartigen Gelände können wir erste Ruinenreste ausmachen. Zwischen Farnen und Himbeeren verbergen sich die markantesten Überbleibsel der Spornburg, deren Ursprünge ins 12. Jahrhundert zurückreichen. Nicht nur die mächtigste erhaltene Mauer zeigt sich von Holzbalken gestützt. Die fein säuberlich aufeinandergeschichteten Natursteine des alten Wohnhauses ragen aber immer noch stolze acht Meter in den Himmel hinein. Die Laubbäume obendrauf wirken wie eine Art natürliche Haarpracht.

RUHE UND RAUSCHEN Hinter dem mittleren der drei Durchgänge bzw. dem rechten Rundbogen gelangen wir zwischen Indischem Springkraut an die steil abfallende Kante der Ilzleite. Von dort hören wir in der Regel den schwarzen Fluss tief unten im Tal vorbeirauschen. Da sich die Kante der ehemaligen Spornburg nirgendwo gesichert zeigt, achten wir auf drohende Abgründe. Übrigens: »Diezen« bedeutet rauschen. Womöglich stammt der Name der Burganlage daher. Anderen Quellen zufolge lehnt er sich an göttliche Frauen an, Disen genannt. Auf alle Fälle zeigt ein Kupferstich von Michael Wening aus der Mitte des 18. Jahrhunderts die ursprünglich dreieckige Burganlage noch nicht vom Wald verschluckt. Heute erwartet hingegen im Herzen der Natur ein geheimnisvoller Ort der Ruhe.

SCHATZ DER JUNGFRAU Bereits vor rund 100 Jahren hielt Pionier Michael Waltinger in der Erstausgabe von »Niederbayerische Sagen« fest, wie auf der heute gestützten Dießensteiner Mauer mitternachts einem Mann eine leuchtende Jungfrau erschien. Als die holde Maid mit ihrem Stab auf den Boden klopfte, tat sich eine Gruft voller Gold und Edelsteine auf, heißt es. Völlig verängstigt traute sich der Handwerker, der sich verirrt hatte, jedoch nicht, dem Wink der Jungfrau zu folgen. Feige machte er sich aus dem Staub. Bis heute fand sich immer noch kein Mutiger, der zwischen den moosbewachsenen Steinen den legendären Schatz zu bergen verstand.

UNTERGANG Wir schreiben den Sommer des Jahres 1742. Schon zwei Jahre lang tobt der Österreichische Erbfolgekrieg. Die von einer bayerischen Truppe gehaltene Festung Dießenstein belagert der kompromisslose Panduren-Oberst Franz Freiherr von der Trenck im Dienste der Habsburger Krone. Nach erfolgter Einnahme durch seine Söldner passiert das Malheur. Aus Versehen bringt Trenck mit einer Fackel die Pulverfässer zur Explosion, welche im Felsenkeller lagern. Daraufhin stürzt der Burgfried ein. Während Trenck gerade noch mit dem Leben davonkommt, liegt bis heute ein großer Schutthaufen an der Stelle, an der einst der Turm zusammenstürzte und alles unter sich begrub. Bayerwald-Experte Manfred Böckl mutmaßt, dass sich dieses Geschehen mit dem sagenhaften Schatz verknüpfen lasse. Auf alle Fälle befindet sich der gerettete Hochaltar der Burgkapelle seit dieser Zeit in der Pfarrkirche St. Brigarda in Preying »zur einstweiligen Aufbewahrung«.

Zugabe: Bei Büchlberg wartet dieser verwilderte Steinbruch darauf, gesichtet zu werden

Eine Reihe ansehnlich erhaltener Steinbögen und Mauern lassen sich auf unserer Erkundungstour entdecken.

Das besondere Erlebnis

Wer von Dießenstein auf der B85 in Richtung Passau fährt, dann über die Ilz hinweg nach Hutthurm, erreicht jenseits der B12 nach 20 Kilometern Büchlberg. Von den Parkplätzen am Marktplatz über die Carl-Kerber-Straße bergwärts nimmt hinter dem kleinen Museum der alte, verwilderte Steinbruch in Empfang. Es hat was, wenn sich die Bäume unter der steil abfallenden Abbruchkante im Wasser spiegeln, ganz besonders an trüben Tagen. Wer hier dagegen bei Sonnenschein auftaucht, trifft am Ufer oft auf die muntere Dorfjugend. Von der 25 Meter hohen Plattform von 2020 (Zuweg ausgeschildert) öffnen sich auf alle Fälle neue Perspektiven. Übrigens. Die »Kleine Geschichte Niederbayerns« (Pustet-Verlag) geht davon aus, dass die Straßen Wiens nahezu durchgängig mit Granit aus dem Bayerwald gepflastert sind, zwar nicht mit Steinen aus Büchlberg, aber aus dem nur zehn Kilometer entfernten Hauzenberg.

Aufgepasst: Hinter diesem Durchschlupf geht es die Ilzleite hinab.

Der im Westen des länglichen Eindachhofs gelegene Stadel sieht nach einem Feuer wie ein angekokeltes Holzgerippe aus.

28

DEM VERFALL GEWEIHT

Der traurige Eindachhof im Gründoblweg bei Passau

Ein Stück außerhalb von Passau liegt ein verlassener Bauernhof. Während der Stadel des Anwesens 2019 einem Brand zum Opfer fiel, zeigt sich der Rest weitgehend intakt. Das Licht, welches durch die Fenster und Ritzen dringt, lässt den Stall wie eine ländliche Kathedrale wirken.

Grenzgebiet Stadt Passau/Fürstenzell, Landkreis Passau, Niederbayern **Ort/Place** Verlassener Bauernhof, Gründoblweg, 94081 Fürstenzell **GPS** 48.570079, 13.357667 **Anfahrt** In Passau von B12 nach Neustift abbiegen, beim VR-Bank-Kreisverkehr rechts, sogleich halb links; von Alter Poststraße links in Richterstraße einbiegen, 300 m nach Asphaltende halb links

RAUS AUFS LAND Wer auf der Richterstraße, wo einst wohl Hinrichtungen stattgefunden haben, unter der heutigen Autobahn-Unterführung durchschleicht, begibt sich endgültig von der Stadt hinaus aufs Land. 300 Meter, nachdem der Asphalt endet, erreichen wir am Waldrand eine Gabelung. Halb links beginnt dem Schild gemäß der Gründoblweg. Erneut 300 Meter weiter erreichen Neugierige zwischen Forst und Feld das rund 70 Meter lange, erhöht angesiedelte Anwesen. Es liegt unmittelbar vor der Stadtgrenze von Passau auf der Lichtung, die Einheimische Gründoblwiese(n) nennen. Der längere Teil des Gründoblwegs gehört übrigens nicht zur Stadt Passau, sondern zur Gemeinde Fürstenzell, weshalb viele Navi-Systeme die Anschrift alleine dieser Kommune zuordnen. Die Zufahrt aus westlicher Richtung zeigt sich allerdings auf Anwohner und Forstarbeiter beschränkt.

ALTE WOHNUNG Zwischen Dornengestrüpp dümpelt das verlassene Anwesen samt herabrieselndem Mauerputz vor sich hin. Auf der östlichen, der Stadt Passau zugewandten Seite erstreckt sich der alte Wohntrakt mit seinen vergitterten Fenstern und der sperrangelweit offenen Haustür über drei Etagen hinweg. In den fast leeren Räumen im Erdgeschoss und im ersten Stock regieren die Spinnen. Dasselbe gilt für den Dachboden. Brüchige Ziegel lassen Regentropfen in das Gebäude eindringen. Vor allem die nordöstliche Ecke des Daches kennzeichnen erste Löcher. Stück für Stück überträgt sich der damit einhergehende Verfall auf das Gebäude samt allen bekannten Gefahren. In der Tat wirkt der Boden teils porös. Auffällig: In einem Zimmer steht ein verlassenes Bett. An der Wand daneben lässt eine tiefere Tapetenschicht in grellen Farben die Mode der siebziger Jahre des letzten Jahrhunderts zum Vorschein kommen. Nach

↓ Das alte Wohnhaus des Bauernhofs nimmt mehrere Stockwerke ein.

↘ Der Dachboden des Wohntrakts samt offenen Fenstern wirkt verwahrlost.

unten, in den Keller hinab, wird es bereits im Treppenhaus zappenduster.

MÄCHTIGER STALL Kleinbauern lebten hier zwar nicht. Dennoch zeigen die Proportionen: Dem Vieh wurde auf diesem Bauernhof mehr Platz eingeräumt als den Menschen. Durch die dem Wohntrakt zugewandte Tür geht es in den kleineren Teil des Stalls, der einst wohl dem Jungvieh vorbehalten blieb. Sowohl ein Durchgang als auch ein separates Eingangstor führen in den mächtigen Hauptstall. Durch die dortigen Fressgitter steckte einst das hungrige Vieh seinen Kopf. Dem Ausmaß zufolge dürfte hier früher eine stattliche Anzahl von Milchkühen in sogenannter Anbindehaltung Platz gefunden haben, was strenge Tierschützer heute für Quälerei halten. Mit dem Lichteinfall durch die großenteils offenen Tore und Türen sowie die vielen Ritzen wirkt dieser Gebäudeteil wie eine Art bäuerlicher Dom mit Säulen aus Stein, verstärkt durch Holz.

FEUER IM STADEL Kurz vor Weihnachten 2019 wird Alarm ausgelöst. Der Stadel des Anwesens brennt nämlich lichterloh. Die herbeigeeilten Wehrleute, allen voran die Freiwillige Feuerwehr Heining, kann verhindern, dass die Flammen auf den anschließenden Stall sowie den benachbarten Forst übergreifen. Der hintere Teil des Eindachhofs fällt jedoch dem Brand komplett zum Opfer. Seitdem schließt sich dem weitgehend intakten Anwesen in westliche Richtung eine Brandruine in Form eines schwarzen, ver-

↓ Früher streckte das Vieh seine hungrigen Mäuler durch diese Fressgitter.

↘ Einer der offen stehenden Eingänge, die zum Hauptstall des Anwesens führen

kohlten Balkenskeletts an. Da es nach Brandstiftung roch, nahm die Kriminalpolizei die Ermittlungen auf. Obgleich der Einödhof leer steht, wird der Schaden auf eine sechsstellige Summe geschätzt. Anders als es gerüchteweise heißt, bleibt der Großteil des Bauernhofes von den Flammen verschont.

UNGELÖSTE FÄLLE Der paranormalen »Community« zufolge fühlen sich viele beim Betreten des Grundstücks von einem Fenster aus beobachtet. Hängt das damit zusammen, dass unweit des Gebäudes im 19. Jahrhundert ein bildhübsches junges Mädchen im Wald erschlagen worden sein soll, wie Gabriele Hasmann in ihrem Buch »Spuk in Bayern« berichtet? Auch in diesem Fall tappen die Gesetzeshüter bis heute im Dunkeln.

Das Licht am Ende des mächtigen Stalls erhellt die finstere Szenerie.

Mutterseelenallein: Vogelnest auf einer Fensterbank des Bauernhofs

29

ZWISCHEN ZWEI PORTALEN

Durch den alten Trifttunnel in Hals an der Ilz

Einst schwemmten Waidler Unmengen von Holz in die Donaustädte. Für dieses Triften errichteten sie in Fluss-Oberläufen Kanäle und Klausen (Ort 22). Um kurz vor Passau die Halser Ilzschlinge zu entschärfen, half ein dunkler Tunnel durch den Reschenstein, den es heute zu erkunden lohnt.

Grenzgebiet Stadt Passau/Salzweg, Landkreis Passau, Niederbayern **Ort/Place** Alter Trifttunnel, Triftsperrstraße 15, 94034 Passau **GPS** 48.597446, 13.455755 **Anfahrt** In/aus Richtung Passau von der B12 unterhalb der Haarnadelkurve gemäß Pfeil nach Hals abbiegen, nach der Ilzbrücke geradeaus zum Marktplatz, dann Schildern Pension Gasthof Triftsperre 1,5 km zum dortigen Parkplatz folgen

Bereits vom Parkplatz am Gasthof Triftsperre lässt sich die angepeilte Passage über die Ilz ausmachen.

PUNKTLANDUNG Während die zauberhafte Stadt Passau einen urbanen Eindruck hinterlässt, empfängt der Stadtteil Hals als malerisches Dorf. Der Startpunkt unserer Tour liegt im Naturschutzgebiet außerhalb des eingemeindeten Marktes, und zwar beim bewirtschafteten und bei Wanderern beliebten Gasthof Triftsperre in der ehemaligen Triftmeisterhütte. Während die Einkehrstation auf dem Gebiet der Stadt Passau liegt, wechseln wir auf dem alten Triftsteg über den schwarzen Fluss hinüber auf den Boden der Gemeinde Salzweg.

Vom Triftsteg aus können wir den Durchlass zum Felsdurchbruch erkennen.

TRIFTSPERRE Vom Steg aus sehen wir links fünf mächtige Pfeiler einsam inmitten der Ilz aufragen. Auf deren Sockeln wachsen Wasserblumen, Gräser und Bäume, allen voran Birken. Noch einmal so viele Pfeiler tragen die hölzerne Passage über die Ilz, wobei diese abknickt. In seiner Gesamtheit diente der von Menschenhand aufgeschichtete Granit einst dazu, das angeschwemmte Holz aufzufangen und in den Trifttunnel zu leiten. Beim Blick zurück vom anderen Ufer erschließt sich am besten, wie die Reihe der Pfeiler die Richtung zum Durchlass vorgibt. Dazu sollte klar sein, dass zu Zeiten der Trift vom Steg zahlreiche Fichtenstangen in die Ilz hinabreichten und wie ein Rechen nur das Wasser durchließen. Heute fangen die nackten Pfeiler gerne Algen auf, welche in dem moorig-schwarzen Nass wie die Haarpracht von Wassergeistern aussehen. Den Felsdurchbruch entdecken Aufmerksame bereits vom Steg aus.

TRIFTTUNNEL Am anderen Ufer angekommen, wenden wir uns nach links und steigen 17 steile Stufen zum Westportal des Durchlasses hinab. Immer noch erhöht über dem

↑ Einer der Granitpfeiler, die das angeschwemmte Holz in den Tunnel leiteten
↗ Steile Stufen führen zum Westportal des 115 Meter langen Stollens hinab.

sanft dahinplätschernden Wasser, nehmen wir das Licht am anderen Ende des Tunnels ins Visier. Der dunkle Stollen misst stattliche 115 Meter Länge, ist gut drei Meter breit und 2,30 Meter hoch. Beim Gang entlang des schmalen Geländers braucht sich ein Normalsterblicher also nicht zu bücken. In dem Dark Place siedelten sich auf dem blanken Stein vereinzelt Schwefelflechten an. Die letzten 15 Meter zum Ostportal zeigen sich heute durch Beton verstärkt. Wenn wir wieder an der frischen Luft den Flusslauf beachten, wird ersichtlich, wie sehr der Trifttunnel die erste der zwei Halser Ilzschleifen abkürzt.

SINN DER SACHE Steter Tropfen treibt das Holz. Bevor es die Eisenbahn oder Lastkraftwagen gab, nutzten findige Waidler für den Transport gerne die Kraft des Wassers. Bis ein gefällter Baum aus dem Bayerischen Wald anno dazumal als Heizmaterial in den Donaustädten landete, dauerte es fast ein Jahr lang. Zunächst schlugen die Waldarbeiter im Sommer das Holz. Im folgenden Winter zogen sie es mittels Schlitten zu begradigten Bächen. Im Oberlauf dieser Triftgewässer stauten sie das Nass in Klausen, Schwellen genannt. Eigens angelegte Kanäle führten zusätzlich Wasser an diese Triftspeicher heran. Zur Schneeschmelze wurden die Sperren gezielt geöffnet. Das talwärts schießende Nass riss die vorbereiteten Stammteile mit sich. Stromabwärts verkeilten sich diese etwa drei Meter langen Sägeblochen idealerweise nicht ineinander. Doch genau das geschah in der engen

Schlinge rund um Hals immer wieder. Um die Stelle zu entschärfen, ließen die Verantwortlichen vor rund 200 Jahren den Trifttunnel errichten. Neben der überschaubaren Zeitersparnis erhielten die folgenden Mühlen somit Schutz vor sperrigem, fehlgeleitetem Treibholz.

Das besondere Erlebnis

Um den einstigen Transport auf der Schiene dreht es sich rund 10 km von Hals in Richtung Osten auf der alten Bahnstrecke durchs Erlautal. Während die Natur die Trasse jahrelang auf ihre ureigene Art und Weise begrünte, träumt der Förderverein Lokalbahn Hauzenberg–Passau davon, die Strecke wieder in Betrieb zu nehmen. In der Tat befreiten ehrenamtliche Eisenbahnfans im Winter 2021/22 mit einem Kraftakt die Trasse von Unkraut. Doch nachdem der Schwerkleinwagen (SKL) den Abtransport der pflanzlichen Überreste übernahm, ruhte der Verkehr erneut. So bleibt bei Abschluss der Recherche unklar, welchen Weg die Bahnstrecke auf Dauer nimmt. Einen bleibenden Eindruck von der alten Trasse erhalten Neugierige, die von Hals in Fahrtrichtung Hauzenberg fahren sowie zwischen Kellberg und Thyrnau rechts abbiegen und via Fattendorf nach Untergriesbach kurven. In der folgenden, merklichen Senke hinter der Straßenbrücke über Erlau und Bahn kann links geparkt werden. Der Wanderweg auf der gegenüberliegenden Straßenseite endet geradewegs bergab am Gleiskörper an der Bahnbrücke über die Erlau. Äskulapnattern und Smaragdeidechsen gibt es dort übrigens auch.

Mögliche Zugabe in puncto Transport:
An der Erlau entlang schlängelt sich die alte Bahnstrecke von Passau nach Hauzenberg.

Tiefgründig, aber nicht leicht zu finden: Kollberger Schlupf im Hangwald kurz vor dem Osterbach unterhalb von Appmannsberg

30

KAMMER DES SCHRECKENS

Finstere Begebenheiten im Kollberger Schlupf

Am versteckten Eingang lauern Spinnen in ihren Netzen auf Beute. Mutige mit Orientierungssinn, die den sportlichen Anmarsch bewältigen, den 50 Meter tiefen Stollen aufspüren und darin vordringen, fürchten eher knöcheltiefes Wasser. Nach einer Bypass-Passage endet der geheimnisvolle Gang jäh.

Appmannsberg, Landkreis Freyung-Grafenau, Niederbayern **Ort/Place** Kollberger Schlupf, 94065 Waldkirchen **GPS** 48.744753, 13.555922 **Anfahrt** Aus Westen via B12 bis Röhrnbach, dann zunächst 2x Richtung Großwiesen abbiegen; aus Osten von St 2132 kurz in Richtung Kumreut

DIE ANKUNFT Egal aus welcher Richtung wir kommen: Zuletzt wird dem Pfeil Richtung Appmannsberg gefolgt. In dem verschlafenen Weiler biegen wir am östlichen Ortsausgang nahe der Pflasterpassage nach unten ab, 200 Meter weiter bei der zweiten Abzweigung rechts. Bei der folgenden Gabelung halten wir uns halb rechts. Hinter den linksseitig gelegenen Weihern endet der Asphalt. Nun halten Höhlenforscher nach einer geeigneten Parknische Ausschau. In jedem Fall geht es auf dem teils eingewachsenen Feldweg weiter, bis dieser am Waldrand deutlich nach rechts knickt und endet.

SPÜRNASE GEFRAGT Beim Knick am Waldrand steigen wir halb links mitten durch den Forst den merklichen Hang hinunter. Gestrüpp erschwert den Abstieg. Idealerweise treffen wir gut 100 Meter weiter auf die Mündung des schmalen Appenzeller Bachs in den breiten Osterbach. Falls nicht, kein Problem: Erreichen wir den breiten Osterbach, der nicht trockenen Fußes überquert werden kann, dann marschieren wir einfach stromabwärts nach rechts bis zur Mündung des Appenzeller Bachs. Sollten wir hingegen zunächst auf den schmalen Appenzeller Bach treffen, gehen wir nach links mit dem fließenden Wasser bis zum Zusammenfluss mit dem Osterbach. Stets heißt es, den schmalen Appenzeller Bach an geeigneter Stelle zu queren. Sodann arbeiten wir uns am Osterbach entlang weiter. Auf dem abschüssigen Gelände lässt sich nur ansatzweise ein Trampelpfad erkennen. Umgestürzte Bäume gilt es, mit Geschick zu überwinden. Nach 100 Metern wird das Ufer

Tipp: Wasserdichtes Schuhwerk hilft jederzeit, trockenen Fußes in den geheimnisvollen Tunnel zu gelangen.

flacher und besser zu begehen. Erneut 50 Meter weiter treffen wir auf zwei mächtige, knapp hintereinanderstehende Nadelbäume. Dort wenden wir uns im 90-Grad-Winkel nach rechts. Keine 50 Meter bergauf, hinter dem Wurzelteller eines daniederliegenden Stamms, verbirgt sich im Hang der schmale Durchlass zum Kollberger Schlupf. Wer es bis hierher auf Anhieb schafft: Hut ab!

ES WIMMELT Naturgemäß schätzen Spinnen derartige Öffnungen, um ihre Netze geschickt im Spiel von Licht und Schatten zu platzieren. Schließlich haben die Gliederfüßer Insekten zum Fressen gern. Mit der nötigen Umsicht dringen wir in gebückter Haltung in die Dunkelheit vor. Während eingangs bemooster Stein den Stollen umfasst, erscheint der Fels nur wenig weiter drinnen nackt sowie teils marmoriert. Im Tunnel wird es ruhig, es tut sich nichts mehr, wir hören nur uns selbst. Mit der Kammer des Schreckens aus dem Jugendroman Harry Potter, in der es vor Spinnen nur so wimmelt, kann der Kollberger Schlupf nur rund um den Eingang mithalten, was die meisten beruhigen sollte. Ohne Taschenlampe endet das Vergnügen allerdings bald, es sei denn, Harrys Lichtzauber »Lumos« wirkt auch hier, um der Dunkelheit zu entrinnen.

Wer gut 30 Meter weit in den Stollen vordringt, bemerkt einen Linksknick.

ES GEHT VORAN Bereits ein kleines Stück hinter dem Eingang reicht die Höhe des Stollens fast durchgängig zum aufrechten Gang. Da schmutziges Wasser passagenweise knöcheltief den Boden bedeckt, hilft möglichst festes, wasserdichtes Schuhwerk, sich trockenen Fußes in den steinharten Stollen vorzuarbeiten. Sinnigerweise richtet sich der Blick mehr nach unten als nach oben. Mit langen Ästen und Steinbrocken versuchte offenbar vor uns jemand, sich eine halbwegs gangbare Passage einzurichten. Beim Blick zurück wirkt die von der Sonne erleuchtete Öffnung mehr und mehr wie ein helles Loch, das sich Schritt für Schritt verkleinert.

DAS ENDE NAHT Nach locker 30 Metern macht der Stollen einen Linksknick. Zudem geht es sanft bergauf, sodass der Steinboden zu unserem Vorteil von nun an trocken sein sollte. Der Eingang verabschiedet sich aus unserem Gesichtsfeld. Der Linksknick entpuppt sich als kleiner Bogen, dahinter geht es wie bei einer Art Verlängerung der ersten Passage geradewegs weiter. Erneut erreicht der Stollen eine Höhe von über zwei Metern. Wo blutrote Flecken an der Steinwand ausgemacht werden können, endet die Erkundungstour unvermittelt. Rechter Hand entdecken wir die (Jahres-)Zahl »1938« in Stein gemeißelt. Bislang kann diese Angabe kein Experte in einen sinnhaften Zusammenhang mit der Geschichte des Stollens bringen. Linker Hand schmierte jemand den Namen »Reinhard« an die Wand (und hätte sich das besser gespart). Im Lichtkegel schimmert das

Kleine Zugabe: In Appmannsberg spüren Urbexer fotogene Fassaden auf.

Gestein an den Wänden und der Decke an vielen Stellen weißlich.

RÄTSELHAFTER URSPRUNG Die Anfänge des finsteren Ortes, den die Einheimischen Kollberger Schlupf oder auch Kollberger Schluf nennen, liegen im Dunklen. Auf alle Fälle erschuf Menschenhand den beachtlichen Tunnel. Manche Quellen schätzen das Alter des Stollens lediglich auf 150 Jahre. Anderen zufolge könnte der sagenhafte Gang weit über 300 Jahre alt sein. Seinem Erscheinungsbild nach handelt es sich um keinen rituellen Schlupf (Ort Nr. 26), sondern um einen Bergbaustollen. Wohl nicht umsonst wurde er relativ geradlinig in den Hang getrieben. Die Geodatenbank Bayern vermeldet hochoffiziell „untertägige Befunde der frühen Neuzeit". Überliefert ist, dass die Menschen in der Gegend einst vielerorts nach Erz und Edelmetall suchten. So oder so weht uns in dem finsteren Stollen mit seinem Silberstreif am Ausgang der goldige Atem der Geschichte entgegen.

RETOURKUTSCHE Zurück am Tageslicht, schreiten wir den Hang hinab, folgen nach links dem breiten Osterbach stromaufwärts und queren den schmalen Appenzeller Bach. Sodann steigen wir halb links sportlich hoch zu unserem Ausgangspunkt am Waldrand. Übrigens: Auch im Kollberger Schlupf empfiehlt es sich, nicht alleine unterwegs zu sein, sondern jemanden dabeizuhaben, der vor der Höhle die Stellung hält. Schließlich befinden sich Entdecker in der Regel mutterseelenallein in der Osterbachleite.

Das besondere Erlebnis

Zurück in Appmannsberg gibt es bei den bewirtschafteten Höfen in Fahrtrichtung Röhrnbach (Westen) mehr als ein altes Gebäude zu bestaunen, an dem der Putz ordentlich bröckelt. Als stimmungsvolle Fotomotive taugen diese abgenutzten Mauern allemal.

31

DER DUNKLE FELSDURCHBRUCH

Passage beim Carbidwerk in der Buchberger Leite

Früher nutzten Arbeiter auf ihrem beschwerlichen Fußweg durch die Buchberger Leite den Durchlass, um von der Wolfsteiner Ohe zum Carbidwerk zu gelangen. Heute weist uns das sprichwörtliche Licht am Ende des Tunnels die Passage durch diesen monumentalen Dark Place.

Carbidwerk, Landkreis Freyung-Grafenau, Niederbayern **Ort/Place** Felsdurchbruch/Stollen auf anderer Flussseite, Aigenstadl 1, 94078 Freyung **GPS** 48.811504, 13.500601
Anfahrt Zum Carbidwerk zwischen Freyung (B12 aus/nach Passau) und Ringelai in Aigenstadl Wegweiser folgen

Hinter dem Felsdurchbruch an der Wolfsteiner Ohe öffnet sich das zauberhafte Herzstück der Buchberger Leite.

Das Licht am Ende des dunklen Tunnels weist den Weg, welchen wir auf eigene Gefahr beschreiten.

ABTAUCHEN Steil hinab kurven Motorisierte, um zur Wolfsteiner Ohe zu gelangen. Hinter der Werksunterführung, also auf der nördlichen Seite des Flusses, liegt praktischerweise ein Wanderparkplatz. Dort angekommen, befinden wir uns nicht mehr auf dem Gebiet der Stadt Freyung, sondern in der Gemeinde Hohenau. Nur einen Steinwurf entfernt erreichen wir den erhöht sowie ein klein wenig versteckt gelegenen, zuletzt aber doch markanten Felsdurchbruch. Während Wanderer die Passage dazu nutzen, am anderen Ende das Herzstück der Buchberger Leite zu erreichen, konzentrieren wir uns auf den dunklen, vom Menschenhand geschaffenen Tunnel. Auf eigene Gefahr dürfen ihn Neugierige durchschreiten und unter die Lupe nehmen.

STOLLEN Auf beiden Seiten erwarten uns mächtige Felsportale. Rund um die zwei wie ein Türrahmen gefassten Eingänge zeigt sich der Fels teils blank, teils von Moos bewachsen. Rund 30 Meter Dunkelheit trennen die beiden Durchlässe voneinander. Mit circa zwei Meter Höhe können finstere Gestalten den Tunnel beschreiten, ohne den Kopf einziehen zu müssen, Riesengroße ausgenommen. Vom Wanderparkplatz fällt der Engpass in Richtung Osten leicht ab, sodass sich rund um den dortigen Ausgang bisweilen das Wasser sammelt. Da der Blick von einer Seite zur anderen reicht, braucht es nicht unbedingt eine Taschenlampe. »Höhlenforscher« nutzt ein künstliches Licht natürlich, um den Gang beim Erkunden auszuleuchten.

HINTERGRUND Der Tunnel stammt wohl aus der Zeit des Ersten Weltkriegs und kürzt eine Biegung der Wolfsteiner Ohe ab. Dabei erweist sich der Stollen als alternativlos, um von der Schlucht der Buchberger Leite zum Carbidwerk zu gelangen. Übrigens: Hinter dem östlichen Portal liegt der bezauberndste Teil des Naturjuwels. In diesem Abschnitt der Wildbachklamm, die offiziell zu den schönsten Geotopen Bayerns zählt, zischt zwischen moosbewachsenen Felsblöcken die Gischt der Kaskaden. Auch das fasziniert.

CARBIDWERK Während knapp über dem Wanderparkplatz das alte Wirtshaus thront, grüßt von der anderen Seite der Wolfsteiner Ohe das mächtige Carbidwerk. Es stammt aus dem frühen 20. Jahrhundert. Zwar wird dort schon lange nicht mehr Brennstoff in Form von Calcium-Carbid für Gaslampen produziert, was einen hohen Energiebedarf mit sich brachte. Doch bis heute wird die Wasserkraft anhand eines ausgeklügelten Rohr- und Stollensystems samt Staumauern und Kanälen aus Richtung Freyung genutzt, um regenerativ Energie zu erzeugen. Zudem werden in der Fabrik künstliche Edelsteine wie Sternrubine oder Cubis Zirkonia hergestellt, welche sowohl in der Wissenschaft als auch in der Schmuckindustrie weltweit Abnehmer finden. Trotz seines gewaltigen Ausmaßes fügt sich das bewirtschaftete Carbidwerk halbwegs ansehnlich in die märchenhafte Landschaft ein.

Zugabe: Hoch über der Wildbachklamm thront die Burgruine Neuenbuchberg.

Das besondere Erlebnis

Eine weitere Entdeckung macht, wer vom Wanderparkplatz in der Senke dem Pfeil »Ringelai über Bucheck« (Nr. 1) bergauf folgt. Nach gut 250 Metern auf befahrenem Asphalt weisen zwei Pfeile nach rechts zur Burgruine Neuenbuchberg. Der anfänglich schmale Trampelpfad wird breiter und vereint sich mit dem Zubringer aus Buchberg. Einen Steinwurf weiter ragen die trutzigen Mauerreste der einstigen Festung auf einem Vorsprung im steilen Hang der Leite auf. Die Anfänge der länglich-ovalen Spornburg reichen ins späte Mittelalter zurück. Da ihr nur eine kurze Blütezeit gegönnt war, zieht sich ihr Verfall bereits über Jahrhunderte hin. Talwärts verdeckt das Blätterdach den Blick in die Leite, das Rauschen der Wolfsteiner Ohe lässt sich jedoch meistens hören. Einer Legende nach war es das Letzte, was ein unglückliches Liebespaar einst vernahm. Der Letzte aus dem Geschlecht der Buchberger soll nämlich die Tochter eines Müllers zur Frau genommen haben. Ob der nicht standesgemäßen Liaison wurde der junge Edelmann von seinem Vater verstoßen und seine Angetraute mit dem Tod bedroht. Die Liebenden fanden keinen anderen Ausweg, als sich aneinandergeschmiegt auf einem Pferd in die Schlucht zu stürzen, heißt es höchst dramatisch. Romeo und Julia lassen grüßen.

Diese türartige Öffnung führt vom felsengesäumten Ostportal in den rund 30 Meter langen und über 100 Jahre alten Durchgang.

Neuankömmlingen stechen das Gemälde mit Zug sowie die holzvertäfelte ehemalige Restauration ins Auge.

32

ENDSTATION BAHNHOF

Die alte Restauration in Frauenberg

Frohen Mutes stiegen die Passagiere einst aus. Wenige Meter entfernt empfing am Bahnhof Frauenberg die Restauration. Auf der Trasse, auf der früher Lokomotiven anhielten, strampeln heute Radfahrer. Das Gasthaus bestand länger als die Bahnstrecke, überdauerte sie aber nicht ewig und verfällt.

Frauenberg, Landkreis Freyung-Grafenau, Niederbayern **Ort/Place** Bahnhofsrestauration, Frauenberg 15, 94145 Haidmühle **GPS** 48.792845, 13.758845 **Anfahrt** Liegt an St 2130 auf halber Strecke zwischen Altreichenau und Haidmühle; in Frauenberg Pfeil zur Jugendherberge folgen, bei Gabelung halb links

ERSTER EINDRUCK An fünf Garagen und dem Nebengebäude vorbei landen wir in Sichtweite zum Objekt auf einem kleinen, im Prinzip gebührenpflichtigen Parkplatz. In dieser Senke hielten einst die Züge, die zwischen Waldkirchen und Haidmühle verkehrten. Zur Trasse grüßte die stattliche Einkehrstation mit der Aufschrift »Restauration«, was Postkarten aus diesen Tagen dokumentieren. Schon vor langer Zeit verschwand der große, einladende Schriftzug. Bestand hatte zunächst die Herberge mit ihren elf »Fremdenzimmern«, wie es früher und bisweilen heute noch heißt. Bekannt war der Betrieb des langjährigen Wirts Ludwig Süß zuletzt unter dem Namen Gasthof Pension Waldschlößl. Umhüllt von Brennnesseln und Löwenzahn, erinnert das Ensemble heute auf dem ersten Blick mehr an ein Dornröschenschloss.

ZEICHEN DES VERFALLS Zwar begegnet uns die alte Restauration in Frauenberg eingewachsen und verwahrlost, sie wirkt dennoch nicht wie vor ewig langer Zeit verlassen. Vom Parkplatz nach oben empfängt ein dicker Brocken Mauer, welcher womöglich zum alten Bahnhofsgebäude gehörte. Im Unterschied zur höher liegenden Restauration wurde dieses nämlich abgerissen. Links daneben, auf dem ruinösen containerartigen Häuschen, entdecken Aufmerksame die Überbleibsel der Aufschrift »Friedrich Rohwedder Berlin«. Welchen Sinn das wacklige, ockerfarbene Gebäude des renommierten Baumaschinen- und Baugerätefabrikanten aus der bundesdeutschen Hauptstadt hier einst erfüllte, erschließt sich nicht auf den ersten Blick. Wenige Schritte bergan landen wir an der alten, zur Straße hin holzvertäfelten Restauration. Diese steht auf einem mächtigen Sockel mit sechs Reihen alter lokaler Granitsteine.

GESCHLOSSENE GESELLSCHAFT Die zugesperrte, aufwendig gearbeitete Kassettentür am ehemaligen Eingang in die Gaststätte zeugt von einer Zeit, in der Barrierefreiheit noch kein Thema war. Die Treppen beginnen abzubröckeln, halten aber stand. Unter dem Vordach empfangen eine rostige Lampe und ein demolierter Briefkasten. Die dazugehörige, einst liebevoll gekachelte Frauenberger Hausnummer 15 lässt sich weiter gut ausmachen. Teils mit Spanplatten verrammelt, im Obergeschoss teils von Vandalen zerschlagen, zeigen sich die Fenster der ehemaligen Unterkunft. Die Dachrinnen verlieren ihren Anschluss. Dasselbe gilt für die Versorgung durch Kabel. Die von der Straße abgewandte Seite offenbart verwinkelte Architektur. Im Garten verstreut liegen Utensilien wie ein alter Lampenschirm, eine rostige Schubkarre ohne Rad oder ein angegriffenes Fass mit unbekanntem Inhalt. Müll, den das mensch-

Neben der Hausnummer 15 befindet sich der alte Eingang zur Gaststätte.

Die Mauer unterhalb der Restauration gehörte wohl zum früheren Bahnhof.

liche Auge abschreckt, wächst die Natur mit ihrer ureigenen Kraft ein Stück weit zu.

ENDE GELÄNDE Die Tür des Nebengebäudes sichert ein Schloss. Den Platz daneben nutzte jemand als Müllhalde für alte Autoreifen. Zur Straße hin präsentiert ein Gemälde eine Dampflok mit drei Waggons, die vor dem heute verfallenden Ensemble einen Stopp einlegen. Darunter steht »Anno 1912«. Zu diesem Zeitpunkt stand die Bahnlinie genau genommen bereits seit über einem Jahr unter Verkehr. Von dem beschriebenen Bild weitgehend überdeckt, deutet sich in Schreibschrift auch noch der Name »Frauenberg« an. Unterm Strich deutet viel darauf hin, dass das Gemälde erst später entstand und samt der angegebenen Jahreszahl womöglich als Erinnerung gezeichnet worden sein könnte, etwa zu einem Jubiläum. Auf alle Fälle verlor die Bahnhofsrestauration ihren ursprünglichen Sinn, als die Verantwortlichen die Strecke im Jahr 1975 einstellten. Nichtsdestotrotz standen die Pforten der Restauration weitere 18 Jahre offen. Das regionale Online-Portal »da Hog'n« weiß aus der Zeit vor der Schließung zu berichten, dass sich ein Grieche als Pächter versuchte sowie angeblich über Nacht verschwand. Demnach probierte es danach noch jemand, ohne dass er das Ruder rumzureißen und den Niedergang aufzuhalten vermochte.

VERBINDUNG IN DIE HAUPTSTADT
Ebenso laut Recherchen des Online-Portals gehört das Geisterhaus einer Familie aus Berlin, welche sich um den Zustand nicht zu scheren scheint. Solange von dem Gebäude keine Gefahr ausgeht, bleiben der Gemeinde wohl die Hände gebunden. Natürlich bereitet es im zuständigen Rathaus Sorgenfalten angesichts ungebetener Gäste, die in der Nacht wiederholt gesichtet werden. Nicht ohne Grund forderte das übergeordnete Landratsamt die Eigentümer laut Online-Portal »da Hog'n« auf, das Gebäude besser zu sichern. Auch wenn sich daraufhin die eingeschlagenen Fenster im Erdgeschoss mit Spanplatten verschlossen zeigen und die Blechdächer dichthalten sollten: Wie es aussieht, dümpelt die alte Restauration, die einst so freudige Tage erlebte, weiter vor sich hin.

INTERESSANTE NACHBARSCHAFT Das holzvertäfelte Gebäude liegt 50 Meter vom alten Gleisbett entfernt, auf dem heute Aktive den Adalbert-Stifter-Radweg entlangfahren. Schräg oberhalb der Restauration, jenseits des weitgehend intakten Spielplatzes, steht nur rund 100 Meter entfernt die alte Jugendherberge Haidmühle-Frauenberg. Dieser Komplex mit seinen zwei Haupthäusern musste während der Pandemie im Herbst 2020 seine Pforten schließen. Bei Druck des Buches hatte diese Entscheidung noch Bestand.

ZÜGE IM DREILÄNDERECK Ursprünglich nahm die fast 27 Kilometer lange Bahnstrecke von Waldkirchen nach Haidmühle am 15. November 1910 den Verkehr auf. Anfangs stießen die Lokomotiven Dampf aus. Später kamen Dieselloks zum Zug, zuletzt die im

Personennahverkehr altbekannten roten Schienenbusse. Einen ersten schweren Rückschlag erlebte die regionale Verkehrsachse nach dem Zweiten Weltkrieg, als tschechische Soldaten die Gleise auf der Grenzbrücke hinter dem fünf Kilometer entfernten Ort Haidmühle abmontierten und den Anschluss nach Böhmen zum dortigen Grenzbahnhof Nové Údolí (Neuthal) kappten. Ende 1975, als auf dem Land das Auto die Bahn mehr und mehr verdrängte, wurde auf deutscher Seite der Zugverkehr bis Haidmühle komplett eingestellt. Lediglich der Vorlauf, die Teilstrecke von Waldkirchen bis Jandelsbrunn, blieb bis 1995 unter Verkehr. Dann standen auch dort das Stilllegen, Abbauen und Entwidmen an. Während auf bayerischer Seite heute der Adalbert-Stifter-Radweg die alte Trasse nutzt, wird jenseits der Grenze die alte Bahnstrecke sparsam wiederbelebt.

Das besondere Erlebnis

Bis direkt zur Grenze hinter Haidmühle führen die Gleise auf tschechischer Seite heute, ehe diese praktisch auf der grünen Wiese enden. Bis vor der Grenzbrücke zu Deutschland fährt die womöglich kürzeste Eisenbahn der Welt. Diese Museumsstrecke ist nämlich nur gut 100 Meter lang. Die Fahrtzeit beträgt 24 Sekunden, Verspätungen nicht mit eingerechnet. Dazu kommt ein Eisenbahnmuseum, welches jenseits der für den Autoverkehr gesperrten Straße in drei alten Güterwagen die Streckengeschichte erzählt. Darüber hinaus besteht dahinter, vom regulären Grenzbahnhof Nové Údolí (Neuthal), über Cerny Kriz (Schwarzes Kreuz), Volary (Wallern) und Čičenice (Zitschenitz) regulärer Anschluss unter anderem nach České Budějovice (Budweis).

↓ Rad ab heißt es bei dieser verrosteten Schubkarre.

↘ Altes Fass mit Boden, aber ohne Angabe zum Inhalt

33

SCHERBEN IM BÖHMERWALD

Über die Grenze zur verlassenen Glashütte in Lenora

Im Osten, im Böhmerwald, liegt eine Reihe verlorener Plätze versteckt. In Lenora, gut zehn Kilometer hinter der deutsch-tschechischen Grenze, dümpelt die mächtige alte Glashütte vor sich hin. Der riesige Fabrikschlot im alten Eleonorenheim raucht seit 1996 nicht mehr und ragt heute traurig gen Himmel.

Lenora (Eleonorenhain), Okres Prachatice (Bezirk Prachatitz), Tschechische Republik
Ort/Place Alte Glashütte, CZ-384 42 Lenora 95–98 **GPS** 48.921384, 13.798321
Anfahrt Hinterm Grenzübergang Philippsreut an Strážný vorbei, dann noch einmal so weit nach rechts in Richtung Prachatice/Český Krumlov abbiegen

Verwildert, dennoch gut einsichtig zeigt sich die mächtige Glashütte mit der angeschlagenen Haupthalle in der Mitte.

GRENZVERKEHR Vor Lenora über den Fluss hinweg sowie ein kleines Stück hinter der scharfen Linkskurve breitet sich in der Senke die riesige Industriebrache aus. Eingeschlossen von zwei Armen der Warmen Moldau, befindet sich die alte Glashütte auf einer kaum wahrnehmbaren Insel. Das äußerst weitläufige, knapp 40.000 Quadratmeter große Areal umgibt ein Zaun. Neugierige sind gut beraten, ein Fernglas oder ein geeignetes Objektiv für den Fotoapparat mitzunehmen. Von der Hauptstraße hinab landen wir bei der verschlossenen Einfahrt direkt vor zwei der rund zehn Nebengebäude. Vor unseren Augen: bröckelnder Putz, zerschlagenes Glas, rostige Zäune im Gestrüpp.

ALTES HERZ Teils eingewachsen, teils einsichtig zeigt sich die einstige Glashütte. Inmitten des Grundstücks liegt die Haupthalle. Diese umfasst um die 5000 Quadratmeter Fläche. An einigen Stellen schützt das Blechdach die alte Anlange vor dem Niederschlag. Anderswo zeichnen sich riesige Löcher ab. Das Dachgebälk darunter erinnert an die Gräten eines filetierten Fisches. Durch die Leckagen tropft es nicht mehr nur ins Innere des Gebäudes hinein. Vielmehr werden die betroffenen Stellen bei Regen regelrecht geflutet. Ins Auge sticht bei alledem der trutzige Fabrikschlot, der seiner Funktion entraubt ohne Nutzen in den Himmel ragt. Zwischen verrostetem Metall aufgezogen, offerieren die rissigen Kunststoff-Banner einer Immobilien-Firma aus České Budějovice (Budweis) nicht ungesehen, aber ungehört auf Tschechisch: »NA PRODEJ« (auf Deutsch: ZU VERKAUFEN).

Der gewaltige Fabrikschlot ragt heute nutzlos in den Himmel.

Eines der maroden Nebengebäude, auf das wir bei der verschlossenen Einfahrt treffen

ZEITENWENDE Die Ursprünge der Glashütte reichen in das Jahr 1834 zurück. Werksgründer Johann Meyr verschrieb sich besonders der Produktion von edlem Kristallglas. Zu Ehren seiner Frau verlieh wiederum Johann Adolf II. Fürst zu Schwarzenberg, der Gutsbesitzer, der neuen Siedlung den Namen Eleonorenhain. Im 19. Jahrhundert zählte die Glashütte zu den größten in Österreich-Ungarn. Schließlich gehörte Böhmen vier Jahrhunderte lang zur Donaumonarchie. Zwischen den beiden Weltkriegen blieb die Produktion aufrechterhalten. Der Vertreibung der deutschsprachigen Bevölkerung ab 1945 folgte das Verstaatlichen der Anlage. Nach mühseligem Auf und Ab erlosch der letzte Glasofen im Jahr 1996. Seitdem kennzeichnet schrittweiser Verfall den einst so prächtigen Industriekomplex.

PLATZWECHSEL Wer westlich der alten Glashütte über die erste Brücke kurvt, entdeckt rechter Hand einen verlassenen Fußballplatz. Bei unserem Abstecher freuen sich keine Sportler über das Gelände, sondern die Fans von üppigem Pflanzenbewuchs. Vor dem verrosteten Tor und den Trägern einer ebensolchen Spielerbank stehen nämlich nicht nur Löwenzahn und Disteln kniehoch. Grüner Rasen: Fehlanzeige. Dergestalt spiegelt der Fußballplatz den Zustand der nahen Glashütte auf seine Art und Weise wider. Stets im Blick bleibt der alles überragende, nackte Fabrikschlot. Womöglich spüren ihn einmal Störche auf und hauchen dem Gelände mit einem Vogelnest neues Leben ein.

Das besondere Erlebnis

Viele aufgelassene Dörfer liegen nahe der tschechischen Grenze verborgen. Nachdem ihre Bewohner, die sogenannten Sudetendeutschen, nach dem Zweiten Weltkrieg vertrieben worden waren, ließ der tschechoslowakische Staat ihre leerstehenden Häuser bis Ende der fünfziger Jahre des letzten Jahrhunderts größtenteils einebnen. Aus diesem Grund fällt so manche Expedition weniger ergiebig aus als erhofft. Folgende zwei Orte gehören zu denen, die Vergangenes lebendig halten.
Bučina (Buchwald): Vor der heutigen Hotelgaststätte Alpská vyhlídka (Alpenblick) empfängt eine Steinhaus-Ruine mit zwei, drei Gipsflecken neueren Datums. Davor ruht ein eisernes Kruzifix mit Corpus Christi. Zudem lassen sich die Umrisse weiterer Grundmauern erahnen. Immerhin 335 Menschen wohnten einst im ganzen Dorf. Mindestens so spannend: Neben der Ruine steht das Mahnmal Eiserner Vorhang. Es rekonstruiert den sogenannten Todesstreifen, mit dem das kommunistische Regime bis zum Zusammenbruch des Ostblocks die Grenze mit Stacheldraht und Wachtürmen sicherte, formal nach außen, mehr jedoch, um die Menschen einzusperren. Anfahrt: mit dem Finsterau-Bus 603 bis zur Grenze (Station Teufelshäng), dann 300 Meter zu Fuß weiter; alternativ »Via Nova« ab Wanderparkplatz Finsterau-Wistlberg Anmarsch knapp 1,5 Stunden (einfach gut 4 km).
Lučina (Grafenried): Vom Oberpfälzer Wald über die Grenze werden in diesem einstigen Dorf seit dem Ende des Kalten Krieges zerstörte Gebäude freigelegt, darunter die ehemalige Kirche, der alte Friedhof, die Brauerei, das Wirtshaus oder die Glasfabrik. Anfahrt: nördlich von Waldmünchen nach Untergrafenried bis zum Parkplatz Grafenried kurz vor der Grenze kurven; von dort geht es rund 1 km (20 Minuten) zu Fuß weiter zur heutigen Ausgrabungsstätte.

Zugabe: Wenige Meter hinter dem Teufelsbach treffen Grenzgänger in Bučina (Buchwald) nicht nur auf diese Hausruine.

Dieser baufällige Schuppen bestreitet seinen letzten Kampf (Kapitel 16).

Schießscharten im Turm deuten auf den Gebrauch von Feuerwaffen hin (Kapitel 5).

REGISTER

A

Alling 42 f.
Appmannsberg 138 f., 141
Arcadiahotel Grafenau 118

B

Bad Kötzting 16, 20, 23
Bahnhof 44 f., 59, 61, 106, 146
Bahnhof Frauenberg 146
Baudenkmal Böbrach 64 f.
Bauernhof 81, 114, 130, 132
Beinhaus Chammünster 28
Bergdorf Oberbreitenau 88
Berghof 92 ff.
Berg-Hotel Daxstein 102
Bischofsmais 84, 89 f.
Blaibach 27
Böbrach 64 f.
Böhmerwald 9, 150
Brandruine Habischried 84
Brennes Großer Arber 70
Brotjacklriegel 96 f., 100 f., 102, 104
Buchberger Leite 142 f.
Büchlberg 129
Bucina (Buchwald) 153
Burgruine Stamsried 32

C

Chamerau 24 f., 27
Chammünster 28 f.

D

Daxstein 100 f., 102 ff.
Dießenstein 126 ff.
Eindachhof Passau 130

E

Eisenbahn 27, 136 f., 146, 149
Erdstall 120 f.
Erlautal 137

F

Felsdurchbruch 135, 142 f.
Frauenberg 146 ff.
Friedhof 21 ff., 27, 29, 78, 153

G

Geiselhöring 54 f., 59
Geisterhotel 70, 84, 86, 92, 102, 118
Geisterhotel Habischried 84, 86
Geisterkirche 76 f., 80, 83
Geisterkirche Thomasbach 76
Glasfabrik 72, 113, 153
Glasfabrik Regenhütte 72
Glashütte Lenora 150
Grafenau 97, 118 f.
Großbrand 86, 130
Großer Arber 70
Guglöd 114 ff.

H

Habischried 84, 86
Haidmühle 147 ff.
Hals 108, 134 f., 137
Heigl, Michael 16 ff.
Hindenburgkanzel 71
Hof Guglöd 114
Holztrift 106, 134
Holzwerk Spiegelau 110
Hundsruck 120 ff., 124

K

Kaitersberg 16
Kasernenviertel 48
Kleinbauernhaus Thomasbach 80
Klingenbrunn Bahnhof 106
Kollberger Schlupf Appmannsberg 138
Kreuzfelsen 16 ff.
Kürnberg 32 f., 36 f., 39

L

Langfurth 97, 101, 105
Lenora (Eleonorenhain) 150
Lenora 150 f.
Leopoldsreut 91
Lucina (Grafenried) 153

M

Malzfabrik 54 f., 59
Malzfabrik Geiselhöring 54
Marienstein 38, 40
Mord 69
Mühle 64 f., 68

O

Oberbreitenau 88 ff.

P

Papierfabrik 24, 42 f.

Papierfabrik Chamerau 24
Papierfabrik Sinzing 42
Papst Benedikt XVI. 8, 96, 101, 105
Passage Buchberger Leite 142
Passau 8, 10, 108, 130 f., 134 f., 137
Patersdorf 69
Pestfriedhof Kötzting 20
Pfahlsee 31
Pritzl, Theres 17
Pröller 18
Pürkelgut 46 ff.

Q

Quarzstollen Guglöd 114

R

Räuber Heigl 16 ff.
Räuber Heigl Kaitersberg 16
Regenhütte 72 ff.
Regensburg 8, 10, 46, 48, 108
Reitenberg 16
Rothbach 65, 68, 106 f., 109
Ruine 32, 37, 39, 62, 73, 75, 89, 97, 100 f., 105, 119, 126 f., 144, 153
Ruine Dießenstein 126
Ruinen Brotjacklriegel 96
Rusel 92 ff.

S

Sägewerk 64 f., 110, 112 f.
Schlupfloch 40, 124
Schrazlgang 120 ff., 125
Schwärzenburg 37
Schwellen 106 ff., 136
Schwellen Rothbach 106
Schwendreut 91
Seelenheil Sengersberg 38
Sengersberg 38 ff.
Sinzing 42, 44 f.
Skilift 95
Sommerkeller Sünching 50h
Spiegelau 110 ff., 115
Sport-Hotel Rusel 92
St. Englmar 18
Stamsried 32 f., 36 f.
Steinbruch 31, 60 f., 63, 129
Steinbruchweg Zachenberg 60
Steinernes Kirchlein 125
Stollen 116 f., 121, 136, 138, 140 f., 143
Sünching 50, 53

T

Thomasbach 76, 80, 83
Thurn und Taxis, Gloria von 48
Totenbretter 36 f.
Trifttunnel Hals 134
Tunnel Hundsruck 120

U

Urban Exploring 9

V

Volksmusikanten-Gedenkstätte 32

W

Wackelstein 125
Wasserschloss Regensburg 46
Wüstung 88 f., 91

Z

Zachenberg 60, 62 f.

IMPRESSUM

Verantwortlich: Claudia Hohdorf
Lektorat: Tobias Keil
Korrektorat: Christiane Gsänger
Layout: BUCHFLINK Rüdiger Wagner
Covergestaltung: Rudi Stix, Mathias Frisch
Layout- und Reihengestaltung: Mathias Frisch
Kartografie: Bruckmann Verlag GmbH, Heidi Schmalfuß
Repro: LUDWIG:media
Herstellung: Alexander Knoll
Printed in Poland by CGS Printing

Sind Sie mit diesem Titel zufrieden? Dann würden wir uns über Ihre Weiterempfehlung freuen.
Erzählen Sie es im Freundeskreis, berichten Sie Ihrem Buchhändler, oder bewerten Sie bei Onlinekauf.
Und wenn Sie Kritik, Korrekturen, Aktualisierungen haben, freuen wir uns über Ihre Nachricht an Bruckmann Verlag, Postfach 40 02 09, D-80702 München oder per E-Mail an lektorat@verlagshaus.de.

Unser komplettes Programm finden Sie unter www.bruckmann.de

Alle Angaben dieses Werkes wurden vom Autor sorgfältig recherchiert und auf den neuesten Stand gebracht sowie vom Verlag geprüft. Für die Richtigkeit der Angaben kann jedoch keine Haftung übernommen werden, weshalb die Nutzung auf eigene Gefahr erfolgt. Insbesondere bei GPS-Daten können Abweichungen nicht ausgeschlossen werden. Sollte dieses Werk Links auf Webseiten Dritter enthalten, so machen wir uns die Inhalte nicht zu eigen und übernehmen für die Inhalte keine Haftung.
In diesem Buch wird aus Gründen der besseren Lesbarkeit das generische Maskulinum verwendet. Weibliche und anderweitige Geschlechteridentitäten werden dabei ausdrücklich mitgemeint, soweit es für die Aussage erforderlich ist.

Empfehlung der Redaktion Sie sind auf der Suche nach weiterführender Literatur? Dann empfehlen wir Ihnen den Titel »Lost & Dark Places Niederbayern« von Anne Dreesbach.

Bildnachweis Alle Bilder stammen von Autor Herwig Slezak, mit Ausnahme S. 2: Gasthaus Klessinger

Umschlagvorderseite: Eindachhof in Guglöd am Nationalpark
Umschlagrückseite: Schädel im Beinhaus in Chammünster

Die Deutsche Nationalbibliothek verzeichnet diese Publikation in der Deutschen Nationalbibliografie; detaillierte bibliografische Daten sind im Internet über http://dnb.d-nb.de abrufbar.

ISBN 978-3-7343-2439-0